Nicole Weber

Gedichte-Werkstatt

Materialien für einen
handlungs- und produktionsorientierten
Deutschunterricht

Persen Verlag GmbH

Gedruckt auf umweltbewusst gefertigtem, chlorfrei gebleichtem und alterungsbeständigem Papier.

6. Auflage 2010
Nach den seit 2006 amtlich gültigen Regelungen der Rechtschreibung

Illustrationen: Ingrid Hecht
Satz: media.design, Neumünster

ISBN 976-3-8344-**3847**-8

www. persen.de

Inhaltsverzeichnis

Das Gefieder der Sprache

Das Gefieder der Sprache streicheln
Worte sind Vögel
mit ihnen
davonfliegen.

Hilde Domin

1 Vorwort

„Die ganze Schulzeit lang sagten mir Gedichte nicht viel, sie gehörten halt einfach dazu. Im Gymnasium mussten wir genau interpretieren und detailreiche Grammatik- und Stilstudien betreiben“ (Keller 1996, S. 10). Ähnlich wie Martin Keller erging es mir und sicherlich auch vielen anderen. Während meiner Schulzeit haben wir im Unterricht Gedichte behandelt, zu denen ich oft keinen Zugang fand. Die Gedichte wurden dann genauestens analysiert und dieses Auseinandernehmen hat mir die Freude am Umgang mit Gedichten genommen.

Als Lehrer habe ich die schönen Gedichte im Lesebuch der Schüler entdeckt und wollte die Kinder auch damit begeistern. Aber bei der Behandlung im Unterricht merkte ich, dass die Kinder zu einigen der besprochenen Gedichte keinen Zugang finden konnten. Daraufhin habe ich überlegt, wie den Kindern Gedichte anders näher gebracht werden könnten. Es stellten sich mir mehrere Fragen: Wie wäre es, wenn Kinder einen freieren Zugang zu Gedichten hätten bzw. sich die Zugangsweisen selbst wählen? Können Kinder mit Gedichten selbstständig umgehen? Sind sie auch bereit, eigene Gedichte zu schreiben? Auf der Suche nach Antworten überlegte ich, wie den Kindern das selbstständige Handeln mit Gedichten ermöglicht werden könnte.

Das Ergebnis ist die Gedichte-Werkstatt unter dem Motto ***„Mit Worten davonfliegen“***.

Nicole Weber

2 Lyrik

2.1 Zum Begriff

Die Lyrik ist neben Epik und Dramatik eine Gattung der Literatur. Sie wird auch als subjektivste Form der Dichtung bezeichnet. Ein lyrisches Subjekt bringt seine Gedanken und Empfindungen in der Begegnung mit der Welt zum Ausdruck.

Es gibt äußere Merkmale, die auf eine lyrische Form schließen lassen: Rhythmus, ein metrisches Schema, Reimformen sowie Vers und Strophe. Nicht alle Merkmale müssen vorhanden sein. So ist beispielsweise der Vers ein Stilmittel, es gibt aber auch Lyrik, die nicht unbedingt die Versform als charakteristisches Merkmal hat, z. B. die so genannte Prosalyrik. Demgegenüber können Texte auch in Versform geschrieben sein und gehören nicht zu den Gedichten (vgl. Hassenstein 1998, S. 622). Friedrich Hassenstein ist der Auffassung, ein Gedicht „lässt sich als ein besonders reich und dicht strukturierter Text beschreiben, bei dem die normalsprachliche syntaktisch-semantische Kodierung von der metrischen, also der Versifikation, noch einmal überformt ist" (ebd. S. 622).
Eine ältere Auffassung, dass Lyrik ein Liedgesang sei, zeigt eine enge Verbindung auf. Die Kürze, die Strophenform, Sprachrhythmus, Reim und Bildlichkeit zeigen, dass alle Lieder, seien es Kirchenlieder oder Schlager, zur Lyrik hinzugezählt werden können (vgl. Asmuth 1984, S. 128–137).
Ein weiteres Merkmal der Lyrik besteht darin, dass es von der Alltagssprache abweicht. Außerdem spielt die Bildlichkeit eine große Rolle. Gestaltet wird eine subjektive, erlebnishafte Weltbegegnung eines lyrischen Subjekts, die sprachlich ins Allgemeingültige, Symbolische erhoben wird. „Nicht die Intensität des verdichteten Gefühls, die Erlebnisstärke und die Tiefe der Empfindungen allein, auch die Durchdringung, Verdichtung und Bewegung des Sprachmaterials zu sprachkünstlerischer Gestaltung sind wesentliche Kriterien der Lyrik ..." (Wilpert 2001, S. 488).

Mit „Lyrik" wurden im Altertum Verstexte, die zu einem Saiteninstrument gesungen wurden, bezeichnet (vgl. Assmuth 1984, S. 128–139). Der Begriff „Lyrik" kommt vom griechischen Wort *lyras*, was übersetzt „Leier" bedeutet. Das Wort „Gedicht", das häufig mit Lyrik gleichgesetzt wird, stammt von dem althochdeutschen Wort *tihton* ab, was in seinem Ursprung „alles schriftlich niederlegen" bedeutet.
Gedichte wurden aufgrund vielfältiger Einsätze in der Gemeinschaft geschrieben, sodass Klagelieder, Kultlieder, Trinklieder oder auch Trostgedichte usw. entstanden. Es wird deutlich, dass in den Gedichten häufig geheimnisvolle Elemente, etwa Zauber und Beschwörungen, vorhanden waren. (vgl. Hassenstein 1998, S. 625-626). Die ältesten dichterisch formalisierten Texte, die die Grundform der Dichtung bilden, sind Merkverse und Zaubersprüche, die eine formale Textstruktur brauchten, damit sie behalten und möglichst genau wiedergegeben werden konnten. Zwar sind kaum schriftliche Überlieferungen davon vorhanden, doch die mündliche Weitergabe lässt darauf schließen (vgl. Gelfert 1990, S. 13–14).

2.2 Arten und Formen von Lyrik

Es gibt in der Literatur keine eindeutige Einteilung zu Lyrikarten. Auch der Überblick von der Antike bis heute kann keinen Aufschluss darüber geben. Daher kann eine Einteilung nur eine allgemeine Richtung angeben, wobei die Arten nicht immer voneinander abgrenzbar sind und Überschneidungen zulassen (vgl. Asmuth 1984, S. 77–78).

Eine Art der Lyrik ist die *traditionelle Lyrik*. Dazu gehören alle Gedichte, in denen das zentrale Wesen der Stimmung vorhanden ist. Viele Naturgedichte der Romantik haben einen stimmungsvollen Charakter. In enger Verbindung mit der traditionellen Lyrik steht das Erlebnis- oder Ausdrucksgedicht. Bei Goethe z. B. lässt sich Erlebnislyrik finden und für diese ist ein charakteristisches Merkmal der Ausdruck des gefühlsbetonten Innenlebens.
Die *moderne Lyrik* hat die traditionelle Lyrik in Frankreich bereits ca. 1850 und bei uns um ca. 1900 ersetzt. In dieser Art steht nicht mehr das einfühlsame Moment im Vordergrund, sondern genau das Gegenteil will erreicht werden, nämlich Provokation hervorzurufen, zu verwundern und anstößig zu sein. Der Dichter arbeitet mit Sprache, indem er mit ihr experimentell umgeht. „So wie moderne Architektur auf Symmetrie und Ornament, moderne Malerei auf Perspektive, moderne Musik auf Harmonie in vielen Fällen keine Rücksicht nimmt, gebärdet sich auch das Gedicht gern als aperspektivisch und dissonant, es deformiert und demontiert die gewohnte Welt bzw. deren Sicht durch den Leser" (Hassenstein 1998, S. 627). Eine Strömung der experimentellen Dichtung ist die konkrete Poesie.
Die *politische Lyrik* ist realitätsnah, oft an das aktuelle Zeitgeschehen gebunden. Meist ist in diesen Gedichten eine Parteilichkeit vorhanden.
In der *Alltagslyrik* kommen die Elemente der Stimmungen und Einfühlungen zum Vorschein, was eine Verbindung zum traditionellen Gedicht aufzeigt. Hier ist die einfache Sprache ein Merkmal, was das Gedicht volksnah macht. Ein Alltagsgedicht will mühelos klingen und keinen besonderen intellektuellen Anspruch haben, aber dennoch sehr aussagekräftig sein. Die Aspekte, die im Alltagsgedicht thematisiert werden, sind Lebensfreude, Schmerz, Tod, Liebe usw.
Die *Gedankenlyrik* ist als Begriff schwer definierbar. Goethe, Hölderlin und Schiller sind die Hauptvertreter dieser Gedichtart. Die Gedichte dienen der Erkenntnis und wollen belehrend wirken. Das *Volkslied* und die *Ballade* sind Formen von Lyrik. Im Volkslied wird meist widergespiegelt, was das einfache Volk empfindet. Das geschieht demzufolge oft mit eingeschränkter, volkstümlicher Wortwahl. Die Ballade hat häufig einen dramatischen Charakter und handelt von realitätsnahen Inhalten, die von Begebenheiten und Schicksalen erzählen. Heute ist die Ballade als Lied bedeutend, die auf das Publikum abgestimmt, dessen Einstellungen und Stimmungen widerspiegelt (vgl. Hassenstein 1998, S. 626–633). Weitere Formen sind neben dem Gedicht u. a. das Sonett, die Ode, die Hymne und das Lied.

2.3 Zur Struktur des Gedichts

Gedichte sind in besonderer Weise sprachlich formalisiert. Wenn das Gedicht an sich nicht verstanden wird, z. B. weil es in einer uns fremden Sprache geschrieben wurde, so kann man es doch anhand formaler Aspekte erkennen (vgl. Gelfert 1996, S. 16–22).
Im Folgenden sollen wesentliche Gesichtspunkte, die für die Struktur eines Gedichtes von Bedeutung sind, erläutert werden.

Verhältnis zwischen Metrum und Rhythmus

Lyrik weist andere Betonungen als die prosaische Alltagssprache auf. Diese Betonungen haben eine ganz bestimmte Organisation, die sich ständig wiederholt. Die angeordnete Wiederholung, sie wird Rekurrenz genannt, ist ein ausschlaggebendes Merkmal eines Verses. Haben wir eine regelmäßige Abfolge von betonten und unbetonten Silben, so spricht man von einem *Metrum* (vgl. Waldmann 1999, S. 39–44).
Daraus ergeben sich vier klassische Versmaße: der *Jambus*, ein steigender Zweier (x x'), der *Trochäus*, ein fallender Zweier (x'x), der *Daktylus*, ein fallender Dreier (x'x x) und ein steigender Dreier, *Anapäst* (x x x'). Diese Versfußgliederung hat ihren Ursprung in der antiken Metrik.
In der germanischen Sprache war es üblich, eine Verszeile mit einer bestimmten Anzahl von Hebungen einzuteilen und die Freiräume mit einer nicht geregelten Anzahl von Senkungen zu ergänzen. Heute lässt sich das noch beim Knittelvers finden, was aber durch die romanische Dichtung

vom Prinzip der Alternierung, der regelmäßigen Folge von Hebung und Senkung, verdrängt wurde. Es lassen sich seltener Gedichte mit festen Metren finden.
Es wird zwischen dem Metrum und seiner lautlichen Ausführung unterschieden. Diese lautliche Ausführung wird *Rhythmus* genannt (vgl. Gelfert 1996, S. 25–32). Eine Verszeile weist zwar die Verhältnisse der Betonung auf, doch realisiert wird die Betonung erst durch den Leser, und dieser Leser kann das Gedicht, je nachdem welche lyrische Vorerfahrung und welches Textverständnis er mitbringt, anders betonen. Doch nicht nur die Betonungen machen den Rhythmus des Gedichts aus, sondern auch die Sprechpausen, die einen Text in Gruppen von Wörtern gliedern. Der Rhythmus wird durch eine Notation kenntlich gemacht, die zum Beispiel ein Strich-Haken-Schema sein kann. Da der Rhythmus vom Leser abhängig ist, lassen sich keine allgemeinen Regeln aufstellen. Es gibt einige rhythmische Merkmale wie „fallend", „steigend", „fließend" und andere, die Bewegungsformen darstellen, aber wenig über die Rhythmik eines Gedichts aussagen (vgl. Waldmann 1999, S. 72–76).

Klangbeziehungen in Gedichten

In Gedichten treten verschiedene Klangbeziehungen auf. Die Bekannteste ist wohl die des Reimes. Beim Endreim ist ein Gleichklang der Versenden vom letzten betonten Vokal an vorhanden. Kleinbuchstaben (abcd) kennzeichnen das Reimschema. Es gibt verschiedene Endreimschemata, von denen hier die drei am häufigsten verwendeten aufgeführt werden:

1. Paarreim – aabb

Der Sommer (Friedrich Hölderlin)

Noch ist die Zeit des Jahrs zu sehn, und die Gefilde	a
Des Sommers stehn in ihrem Glanze, in ihrer Milde;	a
Des Feldes Grün ist prächtig ausgebreitet,	b
allwo der Bach hinab mit Wellen geleitet.	b

2. Kreuzreim – abab

Reiselied (Hugo von Hofmannsthal)

Wasser stürzt, uns zu verschlingen,	a
rollt der Fels, uns zu erschlagen,	b
kommen schon auf starken Schwingen	a
Vögel her, uns fortzutragen.	b

3. Umarmender Reim – abba

Einsam und Allein (Dieter Leisegang)

Einsam ist ja noch zu leben	a
Hier ein Ich und dort die andern	b
Kann durch die Alleen wandern	b
Und auf Aussichtstürmen schweben	a

Des Weiteren gibt es noch verstärkte Reimbindungen wie den Binnenreim, bei dem sich zwei oder mehr Wörter innerhalb eines Verses reimen, und den Schlagreim, bei dem sich zwei Wörter, die aufeinander folgen, reimen (vgl. Behrendt / Foldenhauer 1979, S. 73-101).

In der Dichtung wird mit Klangfarbe gearbeitet. Die Vokale a, o und u empfinden wir als dunkle, e und i als helle Vokale. Klangfarbe bedeutet, dass etwas, was wir hören, dargestellt wird, als könnten wir es sehen. Auch werden Konsonanten als weich (wie m, n und l) und als hart (wie p, t und k) bezeichnet. Die Buchstaben werden also über die Sinne wahrgenommen. Dieses Mittel des Ausdrucks kommt nicht nur in der Dichtung vor, denn schon bei der Bildung einiger Wörter wurde lautmalerisch vorgegangen, z. B. bei dem Wort „klirren". Ein Beispiel für Lautmalerei zeigen die ersten Zeilen des Gedichts „Der Knabe im Moor" von Annette Droste-Hülshoff:

> O schaurig ist`s übers Moor zu gehen,
> Wenn es wimmelt vom Heiderauche,
> Sich wie Phantome die Dünste drehn...

Die Lautmalerei unterstützt meist den jeweiligen Wortsinn und das, was der Text bildlich darstellen will (vgl. Gelfert 1996, S. 32–36).

Lyrische Wortformen

In der Lyrik sind neben den Lautformen viele spezifische Wortformen zu finden. Die am häufigsten auftretenden Wortformen der Lyrik sind Wortwiederholung, Leitmotiv und Mehrdeutigkeit.
In der Dichtung ist die Wiederholung ein sehr wichtiger Aspekt, wie zum Beispiel der Reim, eine Form der Lautwiederholung. Auch einzelne Wörter können in Gedichten wiederholt werden. Diese Form ist aus der antiken Rhetorik bekannt.
Die am häufigsten verwendete Form der *Wortwiederholung* ist die Anapher. Hier wird ein Wort oder eine Wortfolge am Beginn aufeinanderfolgender Sätze oder Verse wiederholt, z.B. „Das Wasser rauscht/das Wasser schwoll ..." (Goethe, „Der Fischer").
Die ausdrucksvolle Wiederholung desselben Wortes oder Wortgefüges am Schluss mehrerer aufeinander folgender Sätze oder Satzglieder wird als Epipher bezeichnet. Wenn beide Formen in einem Gedicht vorhanden sind, nennt man das Complexio oder Symploke.
Nicht nur Wörter werden in Gedichten wiederholt, sondern auch größere Satzteile. Wenn ein Wort nacheinander mehrmals wiederholt wird, verändert sich die Bedeutung des Wortes. Die Wortwiederholung ist nicht nur dazu geeignet, einige Aspekte im Gedicht besonders zu unterstreichen, sondern sie gliedert auch das Gedicht. Es kann auch ein Wort im Gedicht durch Zusammensetzungen, Ableitungen usw. wiederholt auftreten. Diese Wiederholung wird dann *Leitmotiv* genannt.
Eine weitere lyrische Wortform ist die *Mehrdeutigkeit*. Sie basiert auf der Wortwiederholung, denn eine Mehrdeutigkeit tritt dann auf, wenn ein sich wiederholendes Wort beim nächsten Auftreten in einem anderen Zusammenhang steht. Ein Wort wird also zweimal in unterschiedlichen Zusammenhängen verwendet, wobei dann beide Wortbedeutungen eine Sinneinheit bilden. Die Mehrdeutigkeit lässt sich in der Alltagssprache kaum finden, in der modernen Lyrik jedoch häufig (vgl. Waldmann 1999, S. 126–159).

Zur Bildlichkeit im Gedicht

Mit dem Begriff „Bild" oder „Bildlichkeit" wird ganz allgemein die Anschaulichkeit von Sprache gemeint. Es gibt die darstellende Bildlichkeit, bei der ein einfaches Bild vorstellbar beschrieben wird, wobei es meist eine größere Bedeutung aufweist.
Ein anschauliches Bild, das auf eine höhere Bedeutung verweist, nennt man Symbol.
So kann bspw. der Herbst in einem Naturgedicht den „Herbst des Lebens" symbolisieren. Der bildliche Vergleich ist eine Form zur Steigerung der Anschaulichkeit. Viele Vergleiche in einem Gedicht ergeben ein Gleichnis. Möglich ist es auch, ein gegenständliches Bild, z. B. das einer Nacht, mit seelischen Aspekten auszustatten. Es wird dann von einer Personifizierung gesprochen. Die Darstellung einer Abstraktion durch ein anschauliches Bild wird Allegorie genannt.
Eng mit dem Vergleich verwandt ist die Metapher. Bei diesen bildhaften Aussagen werden Wörter nicht in ihrer eigentlichen, sondern in einer übertragenen Bedeutung eingesetzt, z. B. „Egbert war

ein Löwe in der Schlacht". Der Metapher liegt eine Proportionsgleichung zugrunde: A steht im Verhältnis zu B wie C im Verhältnis zu X steht. X ist das, was in der Metapher umschrieben werden soll. Nicht bei jeder Metapher ist die Proportionsgleichung vorhanden, sondern die Metapher beruht auf einer Analogie, die auch ohne diese auskommt. Der Dichter kann einen Sachverhalt durch verschiedene Metaphern darstellen und somit sein Gedicht interessanter gestalten und die Botschaft verdichten.

Zur poetischen Syntax

Die Sprache im Gedicht ist eine ganz besondere.
Zwar hat das Wort allein schon eine eigene sprachliche Bedeutung, doch weitergehenden Sinn bekommt es erst im Satz. Eine häufig in Gedichten auftretende syntaktische Form ist das *Enjambement*, das heißt, ein Zeilensprung, bei dem Vers- und Satzende nicht zusammenfallen, sondern auf den nächsten Vers übergreifen. Es ist ein sehr altes Kunstmittel, das schon in der antiken und mittelhochdeutschen Dichtung Verwendung fand und auch in der modernen Lyrik ist es eine geschätzte Form. Es ist schwierig zu bestimmen, wann ein Enjambement stark, sehr stark oder kaum vorhanden ist, da dies vom Leser selbst abhängt.
Eine weitere syntaktische Form ist die *Inversion*. In dieser werden syntaktische Sätze umgekehrt, indem z. B. das Subjekt nicht am Anfang des Satzes, sondern am Ende steht. Die syntaktische Folge „Subjekt – Prädikat – Objekt" wird zu „Objekt – Prädikat – Subjekt".
Zwei weitere lyrische Satzformen sind *Parallelismus* und *Chiasmus*. Parallelismus ist dann vorhanden, wenn zwei aufeinander folgende Verse parallele Abfolgen haben, wie z. B. Subjekt – Prädikat. Wenn zwei sich entsprechende Abfolgen nicht aufeinander folgende Verse sind und ein Kreuz bilden, so wird diese Form Chiasmus genannt (vgl. Waldmann 1999, S. 205–226).

2.4 Kinderlyrik

Kinderlyrik ist themen-, motiv- und formbetreffend eng mit der Erwachsenenlyrik verbunden. Beides hat eine einheitliche lyrische Struktur. Kinderlyrik bildet eine eigenständige Form der Lyrik (vgl. Mottè 1989, S. 12–16). Aufgrund dessen darf Kinderlyrik auf keinen Fall als Vorform der Erwachsenenlyrik betrachtet werden (vgl. Reger 1996, S. 33).
Der Begriff Kinderlyrik ist nicht leicht bestimmbar. Andere Formen der Kinder- und Jugendliteratur, wie zum Beispiel Comics oder Bilderbücher, sind leichter voneinander abzugrenzen, da sie von der Form her eindeutig sind und einen erwachsenen Verfasser haben. Ruth Lorbe versteht unter Kinderlyrik sowohl Kinderreime als auch Kinderlieder, da sie eine enge Verbindung zwischen Lyrik, Reim und Lied sieht (vgl. Lorbe 1984, S. 339). Kurt Franz ist der Ansicht, man könnte „unter Kinderlyrik sämtliche in gebundener, nicht unbedingt gereimter Sprache und in einer bestimmten Form von Kindern und von Erwachsenen für Kinder vom Kleinkindalter bis etwa 10 Jahren verfassten und von diesen rezipierten sprech-, les- und z. T. auch singbaren Texte verstehen" (Franz 1979, S. 10).
Wo die Anfänge der Kinderlyrik liegen, ist nicht feststellbar. Durch Überlieferungen wird jedoch deutlich, dass es in der Zeit vom 13. bis 15. Jahrhundert bereits Kinderreime gab. Durch die Erfindung des Buchdrucks um die Mitte des 15. Jahrhunderts wurde dieses belegt. Im 16. und 17. Jahrhundert traten häufiger Kinderreime auf, und sie wurden in Kirchengesangbüchern und Gebetbüchern fester Bestandteil.
Mitte des 18. Jahrhunderts spaltete sich diese Lyrik von der Erwachsenenliteratur ab. Es kam zu ersten Anthologien von Kindergedichten und Kinderliedern, wobei damit eine Pädagogisierung einherging. Im 19. Jahrhundert wurden Gedichte dazu benutzt, belehrend zu wirken, indem sie an die Anpassung an das Bürgertum appellierten. Ende des 19. Jahrhunderts wurden Kindergedichte vom Kinde aus geschrieben, da pädagogische Reformbestrebungen dies forderten. Dadurch traten viele Formen kindertümlicher Lyrik auf. Während der nationalsozialistischen Zeit hatte eine weitere Entwicklung dieses Genres keine Chance.
Nach 1945 wurde wieder Kinderlyrik der Vergangenheit als wichtig empfunden. Zugleich entstan-

den viele Anthologien, beispielsweise von James Krüss und Josef Guggenmos, die mit ihren Gedichten Vergnügen und Begeisterung wecken wollten. Seit den 60er-Jahren des 20. Jahrhunderts hat die konkrete Poesie Einzug in die Kinderlyrik gehalten und seitdem sind auch zunehmend komische und sprachspielerische Elemente darin enthalten. Einige Strukturmerkmale des Gedichts wurden zum Teil weggelassen, wie zum Beispiel feste Strophenordnungen oder Reime.
In den seit den 70er-Jahren entstandenen Gedichten wird kaum mehr Wert auf die traditionelleren Themen gelegt. Wichtige Themen sind jetzt Krieg und Frieden, Angst, Mut usw. (vgl. Reger 1996, S. 19–24).
Kinderlyrik entsteht auch durch Kinder selbst.
Häufig werden Kindergedichte mit Anleitung im Unterricht verfasst.
Ein weiterer Aspekt der Entstehung von Kinderlyrik ist der, dass Gedichte, die eigentlich an Erwachsene gerichtet sind, auch von Kindern gelesen wurden und somit Eingang in die Kinderlyrik fanden.
Eine klar abgrenzbare Einteilung der verschiedenen Arten der Kinderlyrik ist schwierig, denn es treten immer wieder Überschneidungen auf. Eine Art der Lyrik ist der *Gebrauchsvers*. Zu dieser von vielen Kindern oft auch selbst produzierten, komplexen Art gehören Nachahme- und Deutreime, Brauchtumslieder, Kindergebete, Abzählreime, Albumverse, Kinderstubenreime, Neckreime, Spottreime, Ulkreime, Lieder zu Spielen und Tanzen und Trotzreime.
Eine weitere Art der Kinderlyrik ist die *Erlebnis- oder Stimmungslyrik*. Dazu zählen die feinsinnig-schwärmerischen Gedichte, aber auch Dinggedichte, Naturgedichte, Tiergedichte und Gedichte, in denen das Kindsein vorrangiges Thema ist.
In der *Gedankenlyrik* werden meist Problemkreise thematisiert, die aus dem direkten Erfahrungsbereich der Kinder stammen. Die Inhalte sind informierend und belehrend, oft auch herausfordernd. Ein häufig gewähltes Thema ist das Verhältnis zwischen Eltern und Kindern.
Eine weitere Art der Kinderlyrik ist die *Geschehnislyrik*. Dazu zählt man Ballade, Versfabel und Erzählgedicht. Die Gedichte dieser Art sollen unterhalten, aber auch informieren und Kinder zum Staunen bringen. Auch provozierend und belehrend können sie sein.
Sprachspiele dienen unter anderem der Sprachförderung und führen Kinder zur Literatur hin. Hier wird mit Sprache spielerisch umgegangen und Alltagssprache abweichend behandelt oder verfremdet. Zu den Sprachspielen wird auch die konkrete Poesie, die Unsinnpoesie, komische Versliteratur und die visuelle Poesie hinzugezählt (vgl. Reger 1996, S. 33–113).

3 Handlungs- und produktionsorientierter Literaturunterricht

3.1 Begründungszusammenhänge

Seit dem Anfang der 70er-Jahre des 20. Jahrhunderts gibt es handlungs- und produktionsorientierte Theorien zum Literaturunterricht. Kritiker stellten diesen Unterricht in Frage, da sie meinten, dessen Theorie basiere nicht auf einer charakteristischen Literaturtheorie, sondern „nur" auf der Praxis. Dennoch ist diese Art von Unterricht als Methode sehr wichtig, weil sich die Bedingungen verändert haben: Häufig weisen Schüler ein abgelenktes, unkonzentriertes Verhalten im Unterricht auf. Manche Kinder haben wenig Lust am Lernen, sind nicht interessiert und stören den Unterricht. Des Weiteren kommt noch hinzu, dass es verschiedenen Lerntypen gibt, denen ein guter Unterricht weitgehend gerecht werden sollte. Diese Bedingungen veranlassen dazu, einen Unterricht zu planen, der ein selbstständiges und verantwortungsbewusstes Handeln der Schüler ermöglicht, z. B. durch Mitbestimmung der zu behandelnden Themen oder durch offenere Unterrichtsformen.
Gerade im Deutschunterricht ist es wichtig, dass die Kinder Lust am Lesen erlangen und behalten. Oft wird das durch einen zu kognitiven Umgang mit Texten verhindert. Im Unterricht steht häufig das Erschließen des Inhalts im Vordergrund, und ein oft langweiliges Lesetraining folgt.
Die Freude am Lesen von Texten und dadurch dauerhaft Leseinteresse zu wecken sollte vielmehr an Bedeutung gewinnen. Wichtig ist, dass der Deutschunterricht den Weg für ein Leben bereitet, in dem Lesen und Literatur eine große Rolle spielen.
Ein handlungs- und produktionsorientierter Literaturunterricht ist darauf ausgerichtet, die verschiedenen Lerntypen zu berücksichtigen und Freude am Lesen zu wecken und zu erhalten. Darin ist ein wichtiges Element vorhanden, nämlich das Neugierigmachen auf Literatur, was eine rein kognitive Herangehensweise kaum leisten kann. Eine Literaturdidaktik muss vom Schüler ausgehen und Eindrücke mit dem eigenen Körper und mit den eigenen Sinnen zulassen. Ein handelnder Umgang mit Texten ist Methode. So kann man „Texte in andere Medien, Aussageformen und Situationen hinein übersetzen, sie variieren, modifizieren, ergänzen, verändern, ihnen widersprechen, sie spielen, aktualisieren, verfremden – alles in allem sie ohne falsche Ehrfurcht, aber mit wachsender Sensibilität als etwas Gemachtes und damit auch zumindest versuchs- und probeweise Veränderbares verstehen, produktiv und aktiv mit ihnen umgehen, ihnen nicht nur mit Gedanken, sondern auch mit Gefühlen begegnen, auf sie in jeder realisierbaren Form reagieren (vgl. Haas 1997, S. 40)".

In einem solchen Unterricht ist das Erreichen der Lernziele nicht so leicht bestimmbar wie zum Beispiel bei Textinterpretationen. Die vorrangigen Ziele bestehen darin, Leseinteressen zu wecken und Freude am Umgang mit Literatur zu ermöglichen.
Handlungsorientierter Literaturunterricht kann nicht die einzige Antwort auf alle didaktischen Fragestellungen sein, doch wenn ein ganzheitliches Annähern an Texte, das die Fähigkeiten der Schüler berücksichtigt, erzielt werden soll, ist diese Unterrichtsform gut dafür geeignet. Diese Methode hilft sowohl langsam lernenden wie auch leistungsstärkeren Kindern, sich mit der Literatur auseinander zu setzen (vgl. ebd. S. 39–42).
Handlungs- und produktionsorientierter Literaturunterricht ist eine sehr sinnvolle Ergänzung des herkömmlichen Unterrichts. Im handlungsorientierten Unterricht werden Texte z. B. umgewandelt. Im produktionsorientierten Unterricht wird mehr auf die schöpferischen Begabungen der Schüler eingegangen, indem z. B. zu einem Thema ein Text gestaltet wird. Das Konzept des handlungs- und produktionsorientierten Literaturunterrichts beachtet die Zielvorstellungen der Literaturdidaktik, die Bedingungen des Unterrichts und die individuellen Voraussetzungen der Schüler und verbindet alles miteinander.

Daraus ergeben sich folgende Ziele:
- Lesefähigkeit und Lesebereitschaft werden entwickelt
- das aktuelle Leben wird mit dem Lesen verbunden
- Bereitschaft zur Teilnahme am literarischen Leben entsteht
- die Wahrnehmung wird geschult
- die Vorstellungskraft entwickelt sich weiter
- .....(vgl. ebd. S. 43-45).

3.2 Operative Verfahren

Nach Wolfgang Menzel wird ein handlungs- und produktionsorientierter Literaturunterricht eher als ein operativer Unterricht verstanden. Er unterscheidet zwischen vorausgestaltenden und nachgestaltenden Verfahren (vgl. Menzel 1994, S. 6–11). In der Gedichte-Werkstatt wurden verschiedene operative Verfahren in den ersten Bereich – Gedichten nahe kommen – eingebaut. Dabei wird den Schülern ein Text nicht einfach gegeben, um von ihnen analysiert und interpretiert zu werden, sondern die Schüler nähern sich der Erschließung, indem sie z. B. fehlende Textteile ergänzen oder Textabschnitte wieder zusammensetzen müssen. Die Schüler gehen also operativ mit den Texten um, d. h. sie handeln mit dem Textmaterial und kommen dadurch zu Einsichten über den Text. Durch diese Verfahren werden die Kinder nicht mit einer vorwiegend rezeptiven Tätigkeit an einem Text überfordert (vgl. Spinner 1992, S. 66–68).
Durch operative Verfahren treffen die Erfahrungen des Lesers mit der Aussage des Textes bzw. des Gedichtes zusammen. Die eigenen Kenntnisse stehen dem Text gegenüber und es kann z. B. durch das Einsetzen von Reimwörtern die besondere Art eines Gedichts erkannt werden. Wenn eine Aussage des Gedichts nicht auf den ersten Blick erfasst wird, so können die operativen Verfahren dazu dienen, sich erst einmal selbst Gedanken zum Text zu machen, indem Satzteile ergänzt werden müssen, um dann anschließend die Absichten des Verfassers zu betrachten. Nicht jedes Gedicht eignet sich für jede operative Methode, also muss darauf geachtet werden, welche Methode sich bei dem ausgesuchten Gedicht anbietet: ein ausgeprägt rhythmisches Gedicht wird sicherlich mit Musikinstrumenten begleitet, anstatt mit fehlenden Reimwörtern ergänzt. Wichtig ist, dass solche Verfahren gewählt werden, die dazu beitragen, den Text zu verstehen (vgl. Menzel 1994, S. 10).
Um den Kindern einige Gestaltungsmöglichkeiten von Gedichten näher zu bringen und ihnen die Merkmale von Lyrik deutlicher zu machen, werden sie durch operative Verfahren zum Gedicht hingeführt. Dadurch erhalten die Kinder die Möglichkeit, sich langsam mit dem Gedicht auseinander zu setzen (vgl. Payrhuber 1999, S. 19).
Eine Gefahr besteht darin, die operativen Verfahren als alleinige Methode zur Behandlung von Gedichten einzusetzen, da nur dieser Zugang zu Gedichten nicht ausreichend ist (vgl. Spinner 1992, S. 66–68).

3.3 Kreatives Schreiben

Das kreative Schreiben wird zu den Verfahren des handlungs- und produktionsorientierten Unterrichts hinzugezählt und kann in engem Zusammenhang mit dem Erfassen von Gedichtstrukturen stehen. Der Begriff „kreatives Schreiben“ meint ein Konzept, in dem die Kreativität während des Schreibprozesses eine wichtige Rolle spielt. Das Wort „Kreativität“ kommt von dem lateinischen Verb creare = hervorbringen, erschaffen. Eine genaue Definition des Wortes ist kaum möglich, da es unterschiedlich verwendet wird. Alle Verwendungsweisen des Wortes „Kreativität“ haben jedoch die Grundvorstellung, dass Kreativität Altes neu macht, zu neuen Denkweisen und zu neuen Wahrnehmungen anregt. Was die Schreibprozesse angeht, so ist mit Kreativität etwas gemeint, was den Schülern hilft, neue Denkmöglichkeiten zuzulassen (vgl. Brenner 1994, S. 15–24).
„Wir verstehen kreatives Schreiben als eine besondere Form des Schreibens. Kreatives Schreiben ist prozessorientiert und wird durch assoziative, gestaltende und überarbeitende kreative Metho-

den trainiert“ (Böttcher 1999, S. 7). Das kreative Schreiben sollte von der traditionellen Aufsatzerziehung, aber auch vom freien Schreiben abgegrenzt werden (vgl. ebd. S. 14–16).

Das Konzept des kreativen Schreibens hat folgende Intentionen:

- Sensiblere Wahrnehmung der Umwelt des Schreibenden
- Förderung des Blickes für Probleme und Aufgaben
- Sensibel machen für andere
- Die Wahrnehmung innerer Vorgänge fördern
- Schulung des Blickes für sprachliche Mittel
- Mithilfe zur Persönlichkeitsentwicklung
- ... (vgl. Chromik 1993, S. 59 f.).

In den USA ist das kreative Schreiben schon lange ein eigenständiges Unterrichtsfach und sogar ein eigener Studiengang (vgl. Böttcher 1999, S. 13–14). Hierzulande ist das etwas anders. Zwar finden sich aus geschichtlicher Sicht schon früh Tendenzen zum freien Schreiben, doch das kreative Schreiben ist in der höheren Schule nur als Poetik zu finden gewesen, wobei diese alte literarische Tradition nie ganz abgelegt wurde. Anders war es dagegen in der Volksschule. Auf diese wirkten vornehmlich die sachlichen Konzepte der Schreibschulen, wobei es sowieso kaum Schreibübungen gab, da davon ausgegangen wurde, dass diese Kinder keine Schreibfähigkeiten aufzubauen brauchten. Auch Diesterwegs und Hildebrands Bemühungen in der Mitte des 19. Jahrhunderts haben kaum Veränderungen bewirkt. Sie wollten nicht das kreative Schreiben durchsetzen, sondern zum Schreiben anregen, damit die Kinder ihre Gefühle und Gedanken ausdrücken konnten. Diese Ideen wurden später nicht weiter beachtet und erst mit der Jahrhundertwende wurden die Ansätze wieder aufgenommen und es entstand das Konzept des „freien Aufsatzes“. Aber auch dieses Konzept wurde einige Jahre später, da zu ungebunden geschrieben wurde, wieder verworfen. Die Pädagogen haben nicht erreicht, das freie Schreiben mit dem an literarischen Kriterien gebundenen Schreiben zu verknüpfen, so dass es zu keiner Einigung kam. Nach 1930 war es erst recht nicht möglich, das freie Schreiben als Konzept durchzusetzen. Nach 1945 konnte die Schreibdidaktik Erfolge aufweisen, da die Kreativitätsforschung neue Erkenntnisse vorwies. Aufgrund der Einwirkungen der außerschulischen Schreibbewegung, der kritischen Didaktik, neuerer Erkenntnisse der Sprachpsychologie und Entwicklungstheorie wird das kreative Schreiben, also das freie und das literarische Schreiben, in den Deutschunterricht aufgenommen (vgl. Merkelbach 1993, S. 5–27). Der traditionelle Aufsatzunterricht bleibt jedoch die am meisten verbreitete Form. Nach 1980 wurde dem kreativen Schreiben und der Didaktik des kreativen Schreibens besondere Beachtung geschenkt. Heute geht es im Wesentlichen darum, das kreative Schreiben in alle Fächer zu integrieren.
Das kreative Schreiben unterscheidet sich bedeutend vom traditionellen Aufsatzunterricht, denn es unterliegt nicht den schulorientierten und sprachlichen Auflagen, sondern die Kreativität im Schreibprozess ist wichtig. Dazu gehört auch, wie sich das Schreiben individuell entwickelt (vgl. Böttcher 1999, S. 14–16).
Es gibt sehr viele kreative Schreibverfahren und Ingrid Böttcher teilt sie in sechs Methodengruppen ein:
Zur ersten Gruppe, den *Assoziativen Verfahren*, zählt sie solche, die ein Thema vorgeben, zu dem Verknüpfungen hergestellt werden. Gedanken und Erinnerungen werden für den Schreibprozess genutzt, welche zum Beispiel durch eine Fantasiereise ins Leben gerufen werden.
Die zweite Gruppe bezeichnet sie als *Schreibspiele*. Zu dieser Methodengruppe werden Verfahren gezählt, bei denen die Klasse gemeinsam an einem Text arbeitet wie zum Beispiel an einer Reihum-Geschichte.
Eine weitere Methodengruppe ist das *Schreiben nach Vorgaben, Regeln und Mustern*, denn kreatives Schreiben ist auch ein angeleitetes Schreiben. Inhaltliche, formale, literarische und strukturelle Vorgaben werden an den Schreiber gestellt.
Die vierte Methodengruppe, das *Schreiben zu und nach (literarischen) Texten*, orientiert sich an einem vorgegebenen Text, zu dem geschrieben wird.
Beim *Schreiben zu Stimuli*, der fünften Methodengruppe, werden die Schreiber durch besondere Reize, z. B. durch Gegenstände und Musik zum Schreiben angeregt.

Die letzte Verfahrensgruppe ist die des *Weiterschreibens an kreativen Texten*. Bei diesen Methoden werden Texte kreativ verändert, ergänzt oder reduziert (vgl. ebd., S. 22–26).

3.4 Übersicht über Methoden

Einige Methoden zum Umgang mit Gedichten
Ein Gedicht mit Lücken ergänzen: ausgesparte Wörter müssen ergänzt werden. *Umgestellte Texte wieder in die richtige Reihenfolge bringen:* z. B. ein in Verse zerschnittenes Gedicht wieder ordnen. *Für Lücken Wörter auswählen:* ein mit Wörtern ausgespartes Gedicht mit auszuwählenden Wörtern ergänzen. *Texte wieder entflechten:* zwei thematisch ähnliche Texte werden zerschnitten und wieder zusammengesetzt. *In Prosa verfasste Texte in Gedichtform bringen*
Ein Hörspiel zu einem Gedicht erstellen *Eine Bild-Text-Collage herstellen:* zu einem Gedicht werden Bilder aus Illustrierten geschnitten und als Collage um den Text des Gedichts geklebt. *Ein Spiel zu einem Gedicht herstellen:* zum Beispiel kann ein Brettspiel hergestellt werden *Ein Gedicht szenisch darstellen* *Ein Gedicht pantomimisch darstellen* *Standbild zu einer Szene eines Gedichts bauen* *Ein Gedicht in einem Puppen-, Schatten- oder Stabfigurentheater darstellen* *Ein Gedicht schreibgestaltend verändern* *Bilder zu einem Gedicht malen:* ein Bild oder sogar eine Bilderfolge kann entstehen *Ein Gedicht verschieden vortragen* *Gedicht mit verschiedenen Sprechern vortragen* *Einen Text vertonen* *Eine passende Hintergrundmusik suchen* *Mit eigenen Texten auf Gedichte antworten* *Zu einem Gedicht passende Bilder aussuchen* *Ein Gedicht musikalisch inszenieren* *Gedichte mit anderen Gedichten vergleichen*
Zeilenumbrechen: einen kleinen Prosatext schreiben, der später gekürzt, ergänzt oder umgestellt wird, sodass ein Gedicht entsteht *Ein Rondell schreiben:* besteht aus acht Zeilen, wobei Zeile 1, 4 und 7 so wie auch 2 und 8 gleich sind *Schneeballgedicht:* Kunstspiel, das mit einem Wort beginnt und zu dem in jeder Zeile ein Wort hinzu kommt *Akrostichon:* aus den Anfangsbuchstaben eines Wortes (senkrecht geschrieben) entstehen neue Wörter, Sätze oder Wortteile *Gedicht mit allen Sinnen:* zu einem bestimmten Thema werden Assoziationen gesammelt oder auch Materialien bereitgelegt, zu denen ein Gedicht geschrieben wird *Textreduktion:* Gedichte werden reduziert und verändert *Elfchen:* ein Kurzgedicht (elf Wörter), das nach einem ganz bestimmten Bauplan verfasst wird *Parodien zu Gedichten schreiben* *Meditieren und Schreiben:* nach dem Hören einer Fantasiereise ein Gedicht verfassen *Gedichtanfänge schreiben* *Gedichtenden schreiben* *Haiku schreiben:* Gedicht aus fünf Zeilen mit spezifischer Silbenzahl *Dadaistische Collage:* aus Wortschnipseln aus der Zeitung wird ein Gedicht gelegt, das anschließend aufgeklebt wird. *Anhand eines Clusters ein Gedicht verfassen*

4 Der Werkstatt-Unterricht

4.1 Ziel und Formen

Der Werkstatt-Unterricht in der Schule ist mit der Arbeit in einer Handwerker-Werkstatt vergleichbar: „Eine Werkstatt, die in der Schule eingesetzt wird, besteht aus einer Anzahl von Aufträgen, die von den Schülern selbstständig bearbeitet werden können, samt dazugehörigem Material“ (Weber 1998, S. 9).
Das Material wird meist vom Lehrer bereitgestellt und die Kinder können sich ihre Arbeitsaufträge selbst auswählen. Möglich ist auch, dass die Kinder ihre Ideen beim Aufbau der Werkstatt einbringen und eigene Arbeitsaufträge formulieren. Die Aufträge können, müssen aber nicht fächerübergreifend sein.

Anders Weber schlägt vor, die Klasse zwei bis fünf Wochen in unterschiedlichen Blöcken an der Werkstatt arbeiten zu lassen, wobei jedes Kind in einem Fach seiner Wahl arbeiten kann. Er unterscheidet zwischen zwei verschiedenen Werkstattvarianten, nämlich der Fach-Werkstatt, die sich auf ein Fach bezieht, und der fächerübergreifenden Werkstatt, in der mehrere Fächer integriert werden (vgl. ebd., S. 9–10).

Jürgen Reichen nennt vier verschiedene Formen von Werkstatt-Unterricht:

1. die reine Form des Werkstatt-Unterrichts
2. den Werkstatt-Unterricht mit anderen Unterrichtsformen vermischt
3. der programmierte Werkstatt-Unterricht, der Lernangebote bereitstellt, die nach einer bestimmten Reihenfolge bearbeitet werden müssen
4. der begleitende Werkstatt-Unterricht, der aus einem Ergänzungsmaterial besteht, das während einzelner Phasen des Klassenunterrichts bearbeitet werden kann (vgl. Reichen 1998, S. 73)

Jeder Werkstatt-Unterricht kann anders aussehen, auf jeden Fall ist er zu verstehen als „... eine Brücke von den herkömmlichen Unterrichtsformen wie Frontal-Unterricht, Gruppen-Unterricht, Lernprogrammen über den Wochenplan-Unterricht zum freien Unterricht, wo sich jeder Schüler seine Arbeitsaufträge selbst stellt“ (Weber 1998, S. 19).

Durch den Werkstatt-Unterricht werden die Kinder zu selbstständigen und verantwortungsbewussten Entscheidungen über die Bearbeitung der Aufgaben eines Lernangebotes geführt. Das Kind muss auswählen, welche Aufgaben es bearbeiten kann. Es darf nach seinen Neigungen und Vorlieben die Aufgaben aussuchen, die es interessieren. Wichtig ist auch, dass die Schüler lernen, Aufgaben selbstständig zu bearbeiten und dabei Zusammenhänge zu erkennen und zu begreifen.
Durch das selbstständige Arbeiten und das Sich-Selbst-Einschätzen wird das Kind pflichtbewusster sich und anderen Schülern gegenüber. Es lernt, besser mit anderen Kindern umzugehen und auf sie einzugehen. Das führt zu einer Gemeinschaftsbildung. Die Kinder müssen ihrer Arbeit gegenüber Verantwortung übernehmen, aber auch Verantwortung gegenüber der ganzen Gemeinschaft. Ein Beispiel ist der sorgfältige Umgang mit dem Material, damit es den anderen Kindern auch zugänglich ist.
Ein wesentliches Ziel dieses Unterrichts besteht also darin, dass die Schüler dazu angehalten werden, ihre Selbstständigkeit, ihr Selbstbewusstsein und ihre Entscheidungsfähigkeit auszubauen, was der Persönlichkeit des einzelnen Kindes zugute kommt (vgl. Weber 1998, S. 12–15).

4.2 Vorbereitung und Aufbau

Im Werkstatt-Unterricht werden den Kindern Strukturen an die Hand gegeben, mit denen sie sich selbstständig im Lernangebot zurechtfinden können, z. B. durch farbiges Kennzeichnen unterschiedlicher Lernbereiche. Es sollte stets die Möglichkeit zur Selbstkontrolle gegeben sein. Ein wichtiges Kriterium für einen Unterricht, der die Kinder zu selbstständigem Lernen erziehen soll, besteht auch darin, dass Rücksicht auf die Persönlichkeit des Kindes genommen wird. Jedes Kind lernt für sich, in seinem Tempo, nach seinen Interessen und seinem Können, mit unterschiedlichen Ergebnissen. Der Werkstatt-Unterricht gibt den Kindern Raum, dem gerecht zu werden.
Da eine Werkstatt sehr umfangreich ist, dauert die Vorbereitung länger als für einen herkömmlichen Unterricht. Es bedarf einer sehr gründlichen Planung. Wenn die Werkstatt erst von den Kindern genutzt wird, ist eine Änderung von Inhalten und Methoden kaum mehr möglich. Während der laufenden Werkstatt könnten jedoch weitere Aufgaben hinzugefügt werden. Wichtig ist, dass die Schüler zu jeder Zeit, auch kurz vor Beendigung des Werkstatt-Unterrichts, ihre Arbeitsaufträge selbst wählen können. Daher sollte mehr Material vorhanden sein als bearbeitet werden kann.
Der Sinn einer Werkstatt ist abhängig von ihren Arbeitsaufträgen und Lernangeboten. Aufgrund dessen sollten auch freiere Aufgabenstellungen vorhanden sein, wodurch das Kind eigene Projekte im vorgegebenen Thema entwickeln kann. Es sollten viele Partner- und Gruppenarbeiten bei der Wahl der Aufgabenstellungen berücksichtig werden, damit sich die Kinder nicht nur mit dem Thema auseinandersetzen, sondern auch voneinander lernen.
Wenn die Wahl des Themas und dessen Unterteilung in Bereiche stattgefunden hat, werden die Arbeitsaufträge formuliert. Dabei sollten folgende Kriterien beachtet werden:

- „Der Auftrag muss ansprechend gestaltet sein und die Schüler motivieren können.
- Der Schüler muss ihn möglichst selbstständig lösen können. Es muss ihm klar sein, was er tun muss und wann der Auftrag als gelöst gilt.
- Der Auftrag kann fächerübergreifend gestaltet sein.
- Die Aufträge müssen unabhängig voneinander lösbar sein.
- Möglichst viele Aufträge müssen von den Kindern selbst kontrolliert werden können.
- Die Aufträge sollten, wenn möglich, differenziert sein und Zusatzaufgaben für schnelle oder sehr interessierte Schüler enthalten.
- Alle Aufträge müssen in irgendeiner Weise dokumentierbar sein. Das Produkt soll entsprechend gewürdigt werden können.
- Das Lernangebot darf nicht nur ‚aus Papier' bestehen, sondern es soll das Kind zum Handeln anregen.
- Die Aufträge und Materialien müssen möglichst alle Sinne ansprechen, damit sinnvolles Lernen entstehen kann“ (Weber 1998, S. 26).

Es ist nicht leicht, den subjektiven Lerninteressen der Schüler und den objektiven Lernanforderungen bei der Erstellung einer Werkstatt gerecht zu werden. Es kann nicht nur nach den Interessen der Schüler geplant werden, da sie sich meist mit dem beschäftigen wollen, was sie schon können, wodurch es dann nicht mehr zu einer „Horizonterweiterung“ kommt (vgl. Reichen 1998, S. 65).
Wenn die Werkstatt inhaltlich vorbereitet ist, sollte überlegt werden, wie viele Aufgaben jedes Kind in den einzelnen Bereichen zu bearbeiten hat. Dabei müssen die individuellen Leistungsmöglichkeiten der Kinder berücksichtigt werden. Sie sollten gefordert, aber nicht über- und auch nicht unterfordert werden. Um der individuellen Leistungsfähigkeit der einzelnen Kinder zu entsprechen, muss ein großes Angebotssortiment vorhanden sein, aus dem die Kinder selbst auswählen können. Durch Angebote mit verschiedenen Schwierigkeitsgraden lernen die Kinder sich selbst einzuschätzen. Mehrstufige Angebote bewirken, dass die Kinder über einen längeren Zeitraum konzentriert arbeiten müssen, was vor allem leistungsstarke Kinder fordert und fördert.
Die Anzahl der Pflichtaufgaben sollte so begrenzt sein, dass jedes Kind sie bewältigen kann. Außerdem arbeiten die Kinder in der Regel auch ohne Pflichtaufgaben viel und intensiv. Zu den Wahlaufgaben gehören Angebote, wie z. B. vertiefende Texte zum Thema, Spiele, Bücher usw. Die Bearbeitung von Wahlaufgaben sollte jedem Schüler während der Werkstattarbeit ermöglicht werden. Auch wenn Kinder ihr Pflichtprogramm nicht erledigen können, sollten sie in Absprache mit dem

Lehrer Wahlaufgaben erledigen dürfen (vgl. Weber 1998, S. 21–36).
Das Klassenzimmer muss für den Werkstattunterricht entsprechend dem Lernangebot umgestaltet werden. Dabei sollten die Kinder an der Einrichtung der Werkstatt in ihrer Klasse beteiligt sein, da sie so motivierter für die Arbeit sind. Falls umgestellt wird, sollte auf jeden Fall Platz für einen Sitzkreis freigelassen werden. Wichtig ist, dass der Raum für die Kinder nicht unübersichtlich wird.
Der Präsentation der Lernangebote ist besondere Beachtung zu schenken. Die Lernangebote befinden sich auf Auftragskarten, die – falls sie nicht einen eigenen Arbeitsplatz gebrauchen – sich auf Fensterbänken, Tischen oder Ablageregalen befinden können (vgl. Reichen 1998, S. 70–72).

4.3 Durchführung

Die Schüler können sich vor Beginn der Werkstatt die Arbeitsaufträge anschauen, wobei sie schon einiges ausprobieren, ohne zu Ergebnissen kommen zu müssen. Der Vorteil liegt darin, dass sie mit dem Thema vertraut werden.
Damit die Arbeitsaufträge auch gesichert sind, können sie in einem Heft dokumentiert werden. Da die Kinder ihre Arbeitsergebnisse aufschreiben müssen, werden sie auch genauer arbeiten. Es entsteht ein Entdeckerbuch, das bei jedem Schüler anders aussieht. Wichtig ist, dass angefangene Arbeiten auf jeden Fall beendet werden. Des Weiteren gibt es noch viele andere Darstellungsformen, wie z. B. die Gestaltung eines Buches, die Herstellung eines Plakates, eine Tonbandaufzeichnung, viele gestalterische Produkte wie Tonarbeiten usw. (vgl. Weber 1998, S. 41).
Da den Sozialformen im Werkstatt-Unterricht besondere Beachtung geschenkt wird, muss eine Einführung erfolgen, wenn die Kinder diese nicht kennen. Für die Partnerarbeit können sich die Kinder ihre Partner selbst suchen und nur in Notfällen, wenn z. B ein Kind keinen Partner findet, greift der Lehrer ein. Wenn sich eine Gruppe zusammengefunden hat, sollte der Lehrer diese Zusammensetzung während der ersten Versuche nicht ändern. Im Laufe der Werkstatt sollten die Gruppen jedoch häufiger wechseln.
Eine besondere Form der Partner- und Gruppenarbeit ist der *Helferunterricht*. In diesem übernimmt ein Schüler für ein Kind oder mehrere die Lehrerrolle. Davon profitiert das schwächere Kind, da ihm ein Kind mit gleicher Denkweise hilft, und auch das stärkere Kind, da es seine Kenntnisse vervollkommnet. Außerdem wird dadurch das Klassenklima gestärkt und die Lehrkraft entlastet. Möglichst jedes Kind sollte einmal ein Hilfslehrer sein, damit es zu keiner Hierarchie in der Klasse kommt.
Eine weitere wichtige Bedingung ist das Vorhandensein einer „Kompetenz- und Aufgabendelegation" (Reichen 1998, S. 74). Das bedeutet, dass jedes Kind für ein Lernangebot der Werkstatt zuständig ist. Es ist also der „Chef" dieses Lernangebots und hilft seinen Mitschülern bei Schwierigkeiten. Der *„Aufgabenchef"* ist zuständig für das Material, muss also dafür sorgen, dass es immer zugänglich ist. Außerdem führt er eine Klassenliste (siehe Seite 34) und trägt darauf ein, wer das Lernangebot bereits bewältigt hat. Eventuell ist er auch für die Korrektur der Aufgaben zuständig. Durch dieses „Chef-System", das langsam aufgebaut werden muss, werden die Schüler in ihrer Selbstständigkeit gefördert, ihr Selbstvertrauen wird gestärkt usw.
Für die Werkstattarbeit sollten Regeln mit den Kindern vereinbart werden:

1. Angefangene Arbeiten werden auf jeden Fall beendet.
2. Wer Fragen hat, bekommt Hilfe.
3. Nach der Arbeit müssen alle Materialien, Bücher, Aufgaben und Geräte an ihren Platz zurückgebracht werden.
4. Es soll immer nur ein Arbeitsauftrag bearbeitet werden (nicht mehrere gleichzeitig).
5. Jeder kann die Aufträge bearbeiten.
6. Wir stören die anderen nicht bei ihrer Arbeit.
7. Im Klassenraum verhalten wir uns ruhig, damit wir alle konzentriert arbeiten können.

Die ausgeführten Arbeiten sollten noch am selben Tag von den Schülern kontrolliert werden. Zusätzlich werden sie von der Lehrkraft durchgesehen. Meist geschieht die Kontrolle im Unterricht

in Gegenwart des Kindes, weil dadurch Fragen gleich erörtert werden können. Falls unerledigte Arbeiten vorhanden sind, sollten diese am nächsten Schultag zuerst bearbeitet werden.
Um dem Lehrer und den Kindern eine Kontrollmöglichkeit zu geben, wird ein *Arbeits-Pass* erstellt, auf dem die erledigten Arbeitsaufträge angekreuzt werden (siehe Seite 32). Auch für den Lehrer sollte ein Kontrollblatt, auf dem er die erledigten Arbeiten notiert, vorhanden sein (siehe Seite 34). Diese Liste sagt nichts über die Qualität der Ergebnisse aus. Sie kann für eine abschließende Auswertung benutzt werden, denn an ihr kann festgestellt werden, welche Aufträge gar nicht bearbeitet wurden und welche besonders gerne. Dies ist auch für eine Reflexion der Lehrkraft bedeutsam und hat gegebenenfalls Auswirkungen auf die Konzeption einer nächsten Werkstatt.
Jedes einzelne Kind sollte die Kontrolle über seine eigene Arbeit haben, was durch Arbeits-Pässe geschehen kann. Die Schüler haken ihre erledigten Arbeiten ab und bekommen dadurch einen Überblick. Zusätzlich zum Arbeitspass füllen die Kinder Arbeitsberichte aus, in denen sie eintragen, was sie an einem Tag alles schaffen wollen. Um die Arbeit noch besser zu strukturieren, bietet sich ein Wochenplan an. In diesen werden alle Aufgaben eingetragen, die in der Woche erledigt werden sollen.

Die Rolle des Lehrers besteht im Werkstatt-Unterricht darin, die Schüler im Unterricht zu beraten und zu begleiten. Der Lehrer stellt die Lernangebote mit dem entsprechenden Material bereit, führt Gespräche mit einzelnen Kindern, regt Aktivitäten der Schüler an und lässt die Kinder entdecken und gewähren.
Es wird von einem sozial-integrativen Führungsstil gesprochen, dessen Merkmale unter anderem Alternativengebung, Leistungszwangsverminderung, Akzeptanz von Kritik, Hilfsbereitschaft usw. sind.
Sehr wichtig ist es für den Lehrer, sich aus dem Unterricht zurückzunehmen, damit die Schüler selbstgesteuert lernen können. Auch Anregungen von Seiten der Schüler sollte der Lehrer aufnehmen. Er kann nach dem Prinzip der minimalen Hilfe handeln, was bedeutet, dass die Kinder nur dann Hilfe erhalten, wenn sie nicht weiter wissen und auch nur so viel Hilfe wie nötig (vgl. Reichen 1998, S. 80–83).

Wie sind die Ergebnisse, die in einer Werkstatt entstanden sind, zu beurteilen? Sollte überhaupt eine Leistungsbeurteilung stattfinden? Während des Werkstatt-Unterrichts wird oft in mit einem Partner oder in der Gruppe gearbeitet, was positiv für die Gemeinschaftsbildung der Schüler ist. Schwierig ist es aber, die Arbeitsergebnisse zu bewerten. Werkstatt-Unterricht ist gerade für die Kinder fördernd, die seltener Erfolgserlebnisse haben. Eine negative Bewertung kann ein langsam aufgebautes Vertrauen in die eigene Leistungsfähigkeit schnell wieder zerstören. Ohne Lernkontrollen ist es aber kaum möglich, zu erkennen, ob der Schüler die Lerninhalte wirklich verstanden hat. Fragen einer Lernkontrolle sollten also so gestellt werden, dass die Kinder die Möglichkeit haben, offen zu antworten, denn nicht alle Kinder haben die gleichen Arbeitsaufträge bearbeitet. Es können auch zu jedem Werkstattauftrag Fragen gestellt werden und jedes Kind beantwortet nur die Frage, die zu dem von ihm bearbeiteten Auftrag gehört.

Die Beantwortung der Frage, wie lange eine Werkstattarbeit dauern sollte, ist abhängig vom Werkstattthema. Pro Arbeitsauftrag sollte eine Schulstunde eingeplant werden. Wenn eine Werkstatt fächerübergreifend angelegt ist, kann sie sich schon einmal über vier bis fünf Wochen erstrecken. Länger sollte eine Werkstatt nicht dauern, weil die Kinder dann das Interesse an der Werkstatt verlieren. Es wird auch nicht nach einer Werkstattarbeit gleich die nächste folgen, da der Werkstatt-Unterricht etwas Besonderes bleiben sollte.
Den Abschluss einer Werkstattarbeit könnte eine Ausstellung im Klassenraum oder in der ganzen Schule bilden. Es kann auch eine Zeitung zur Werkstatt gestaltet werden, eine Exkursion stattfinden oder ein „Schlussfest" veranstaltet werden. Ein besonderes Ereignis wäre eine Präsentation der Ergebnisse der Werkstatt in Gegenwart der Eltern. Wichtig ist, dass nach Beendigung der Werkstattarbeit ein Gespräch mit der Klasse stattfindet, damit die Kinder Gelegenheit haben, sich zur gesamten Werkstattarbeit zu äußern. Sie können der Lehrkraft mitteilen, was ihnen nicht oder was ihnen ganz besonders gefallen hat. Auch der Lehrer sollte seine Einschätzung zur geleisteten Werkstattarbeit abgeben (vgl. Weber 1998, S. 37–63).

5 Die Gedichte-Werkstatt

5.1 Konzeption

Folgende Übersicht soll das Konzept der Gedichte-Werkstatt verdeutlichen:

Allgemeine Ziele des Umgangs mit Gedichten

Die Schüler sollen …
- durch den Umgang mit Lyrik ihr eigenes Ausdrucksvermögen ergänzen und erweitern, indem sie ihre Gedanken, Empfindungen und Träume kennen lernen und diese ausdrücken,
- durch die Auseinandersetzung mit Lyrik und deren Struktur erkennen, wie sich trotz bestimmter Grenzen Kreativität entwickeln kann,
- durch Gedichte für Ästhetik empfindlich gemacht werden und
- Gedichte bewerten lernen,
- mehrere Gedichte kennen lernen, um ein breitgefächertes Angebot zu bekommen, damit sie für die Erschließung einzelner Gedichte ausgerüstet sind und auch im außerschulischen Alltag Zugang zu Gedichten bekommen,
- interpretatorische Möglichkeiten kennen lernen.

Nach Oswald Watzke zeichnet sich die Methode der Gedichte-Werkstatt durch folgende Aspekte aus:

> „1. Der *Werkstoff* ist die poetische Sprache mit ihren lyrischen Elementen in ihrer gesamten Textsortenvielfalt (vom ‚simplen Reklamereim' bis hin zur feierlichen Ode).
> 2. Das *Werkzeug* besteht – ideell betrachtet – aus dem Wissen über Lyrik, das angewandt wird, aus Fantasie und Sprachsensibilität und – materiell gesehen – aus dem selbst hergestellten Bastelmaterial (Reimkärtchen, Verszeilen-Streifen, Reim-Würfel, Legespiele, Verse-Karussell ...), mit dem hantiert wird.
> 3. Die *Werkmethode* ist in besonders ausgeprägter Form handlungsorientiert, produktionsorientiert, kreativ, innovativ, experimentierend, prozessorientiert, offen und frei.
> 4. Das *Werkprodukt* ist zum einen das durch Lesen, Sprechen, Vortragen, Spielen (und Tanzen) und Inszenieren wiederhergestellte (reproduzierte) Gedicht, zum anderen durch Kombinieren, Montieren, Collagieren und Eigenproduzieren veränderte bzw. neu geschaffene Gedicht."

(Vgl. Watzke 1998, S. 8.)

5.2 Inhalt und Aufbau

Vor der Planung der Werkstatt wurde den Kindern die Frage gestellt, auf welche Weise sie gerne mit Gedichten umgehen würden. Sie fertigten eine Liste mit Möglichkeiten an, wie z. B. zu Gedichten malen, Gedichte spielen oder vertonen. Diese Wünsche der Kinder sollten berücksichtigt werden.
Die Gedichte-Werkstatt besteht aus 28 Arbeitsaufträgen zu verschiedenen Gedichten, die es ermöglichen, handelnd und spielerisch mit ihnen umzugehen. Die Werkstatt ist so konzipiert, dass sie entweder als Block von ca. drei Wochen einzusetzen ist oder einmal in der Woche über einen längeren Zeitraum genutzt werden kann. Die Arbeitsaufträge können von den Kindern selbstständig erarbeitet werden.

Die Werkstatt ist aus Gründen der Übersichtlichkeit in drei Bereiche gegliedert, die jeweils den Schwerpunkt verdeutlichen sollen:

1.  Gedichten nahekommen

2.  Gedichte verstehen

3.  Gedichte schreiben

Selbstverständlich bestehen zwischen den einzelnen Bereichen Zusammenhänge.

Im Folgenden sollen kurze didaktisch-methodische Überlegungen zu den einzelnen Aufgaben dargestellt werden.

Der erste Bereich besteht aus Aufgaben, die es ermöglichen, Gedichten nahezukommen, Zugang zu ihnen zu finden und erste Annäherungen an Einsichten in die Strukturen des Gedichts zu bekommen.

1) Ein Gedicht auf eine Schachtel schreiben (vgl. Gien 1999, S. 24): Die Kinder sollen sich aus der Gedicht-Kartei oder aus bereit liegenden Büchern ein Gedicht auswählen und dieses auf eine kleine Schachtel schreiben. Dabei wird die Neugier der Kinder auf Gedichte geweckt und ihre Lesefähigkeit geschult.

2) Ein Gedicht wiederherstellen (vgl. Menzel 1994, S. 9): Bei der Methode der Zeilenkombination wird das Gedicht „Das Wasser" von James Krüss in einzelne Zeilen zerlegt und die Schüler/innen müssen es selbst neu zusammensetzen. Da das Gedicht einen Ablauf darstellt, eignet es sich gut dazu, um operativ mit ihm umzugehen. Die Kinder sollen anhand dieses Gedichtes Einblicke in die Struktur von Gedichten erlangen.

3) Zwei Gedichte entflechten (vgl. ebd. S. 9): Zwei Gedichte von Josef Guggenmos, „Der Regenwurm" und „Sieben kecke Schnirkelschnecken", die sich inhaltlich etwas ähneln, eignen sich gut für den operativen Umgang, um dadurch Einblicke in die Struktur von Gedichten zu erlangen. Durch das Entflechten müssen sie sich mit den Reimschemata, den Versen, den Reimwörtern usw. auseinandersetzen.

4) Ein Gedicht reparieren (vgl. Menzel 1994, S. 9): Das Gedicht „Fauler Zauber" von Erich Kästner ist ein Erzählgedicht, sodass sich hier ein operativer Umgang anbietet, der den Kindern helfen soll zu verstehen, dass die Strophenform bei Gedichten bedeutend ist. Hier sind die Strophen auf einzelne Streifen geschrieben worden, und sie müssen von den Kindern wieder zum Gedicht zusammengebaut werden.

5) Ein Gedicht mit Reimwörtern ergänzen (Haas 1994, S. 24): Das Gedicht „Übers Dichten" von Wolfram Hänel hat ein unregelmäßiges Reimschema, welches durch das Einsetzen fehlender Reimwörter deutlich wird. Dadurch setzen sich die Kinder intensiver mit dem Reimschema auseinander.

6) Ein Gedicht wieder in seine Form bringen (vgl. Haas 1997, S. 86–98): Das Gedicht „Die Schnecke und der Tiger" von Heinz Janisch eignet sich durch die Endreime sehr gut dazu, den Kindern das Merkmal der Versifikation von Gedichten näher zu bringen. Das geschieht, indem es ihnen in einem Prosatext angeboten wird, welcher wieder in die Gedichtform umgewandelt werden muss.

7) Fragen an ein Gedicht stellen (vgl. Baumbusch/Laub 1999, S. 38–39): Jeder Mensch versteht ein Gedicht auf unterschiedliche Weise. Da das Gedicht „Ein Mann wacht" von Lutz Rathenow nicht auf Anhieb verstanden werden könnte, sollen sich die Kinder Gedanken darüber machen und dazu Fragen aufschreiben. Auf diese Weise erfahren sie eine Methode, wie sie sich auch in Zukunft Gedichten nähern können.

Der zweite Bereich beinhaltet Aufgaben, in denen es um das Verstehen von Gedichten geht, also die Annäherung an das Erschließen von Gedichten. Durch handlungs- und produktionsorientierte Methoden kann der Sinn des Textes erfasst werden.

8) Ein Gedicht abschreiben und besondere Wörter kennzeichnen (vgl. Payrhuber 1996, S. 59–64): Für das Gedicht von Doris Mühringer eignet es sich, es abzuschreiben und besondere Wörter (beispielsweise das Wort „Regenwolke") zu zeichnen, das Gedicht also schreibgestaltend zu erschließen.

9) Ein Bild zum Gedicht malen (vgl. Payrhuber 1996, S. 68–71): Das Gedicht „Garten" von Georg

Bydlinski stellt einen Garten dar, den sich der Leser leicht vorstellen kann. Aus dieser Vorstellung heraus sollen die Schüler diesen Garten malen und damit subjektive Eindrücke wiedergeben.

10) Nach einem Gedicht malen (vgl. Gien 1999, S. 24): In dem Gedicht „Zwerg" von Erwin Moser ist von einem Zwerg die Rede, der beschrieben wird. Für dieses Gedicht eignet sich die Erschließung durch ein Bild zum Gedicht, das von den Kindern nach ihren Vorstellungen zu malen ist.

11) Eine Collage herstellen (vgl. Haas 1997, S. 130–140): Das Gedicht „als ob" von Carmen Kotarski macht auf die Gefährdung der Umwelt aufmerksam. Da die Grundstimmung des Gedichts bildlich gut darstellbar ist, sollen die Kinder diese durch eine Collage ausdrücken. Es ist ihnen frei gestellt, ob sie nur Bilder aus Illustrierten verwenden oder ob sie auch dazu zeichnen.

12) Musik zu einem Gedicht suchen (vgl. Keller 1998, S. 78): Bei dieser Aufgabe ist es das Ziel, „Muscheln" von Max Barthel vorzutragen und dabei eine Melodie zu spielen, die zum Gedicht passt. Den Kindern soll durch das Aussuchen einer Melodie der Inhalt des Gedichts bewusst werden, nämlich dass es beispielsweise vom Meer handelt. Das Gedicht wird dann mit einer Hintergrundmusik untermalt vorgetragen. Zuerst müssen sich die Kinder das Gedicht durchlesen. Es werden mehrere CDs zur Auswahl angeboten, aus denen sich die Kinder die passende Musik aussuchen sollen. In einem weiteren Schritt lesen sie das Gedicht so vor, dass sie das Vortragen mit der Melodie zusammen abstimmen.

13) Eine Bildergeschichte zum Gedicht malen: Da das Gedicht „Die Giraffe mit ihren Beinen" von Josef Guggenmos eine Erzählung beinhaltet und dessen vier Strophen diese gliedern, eignet sich die Methode des Malens einer Bildergeschichte gut dazu, das Gedicht zu verstehen. Bei diesem Arbeitsauftrag sollen die Kinder das Gedicht also in eine Bildergeschichte umsetzen. Dabei wird ihnen der Tipp gegeben, ein Blatt Papier in der Mitte zweimal zu knicken und zu jeder Strophe ein Bild zu malen.

14) Ein Gedicht spielen (vgl. Haas 1997, S. 111–119): Für die Erschließung des Gedichts „Die Vogelscheuche" von Rudolf Stibill eignet sich die szenische Darstellung. Bevor die Kinder damit beginnen, müssen sie sich das Gedicht genau durchlesen und überlegen, welche Rollen sie verteilen und anschließend bestimmen, wer welche Rolle übernimmt.

15) Ein Gedicht mit einem Faden legen (vgl. Brendel 1997, S. 62–63): Da das Gedicht „Der Faden" von Josef Guggenmos viele verschiedene Formen eines Fadens beschreibt, liegt es nahe, diese auch zu bilden. Die Kinder legen zu den einzelnen Strophen einen Faden und kleben ihn auf das Blatt neben die Strophe, wobei sie den Faden so aufkleben, wie es das Gedicht vorgibt. Das Gedicht fordert dazu auf, eine weitere Fadenform zu erfinden und somit auch eine weitere Strophe des Gedichts zu schreiben.

16) Zu einem Gedicht spielen (vgl. Kohls 1981, S. 11): Das kleine Sprech-Gedicht, „Herr Glamek telefoniert" von Hans Georg Lenzen, dessen Inhalt leicht verständlich ist, fordert nahezu dazu auf, gespielt zu werden. Durch das Spielen verstehen die Kinder das Gedicht besser. Sie erweitern es, indem sie neue Namen einsetzen.

17) Ein Gedicht mit Musikinstrumenten begleiten (vgl. Payrhuber 1996, S. 84–85): Da sich das Gedicht „Das Gewitter" von Josef Guggenmos dazu anbietet, einzelne Passagen durch Musikinstrumente zu begleiten, sollen sich die Kinder mit dem Inhalt dieses Gedichts mit Hilfe von Musikinstrumenten auseinandersetzen. Sie müssen es dazu genau lesen und bestimmte Zeilen mit Geräuschen untermalen, um den Vorgang des Naturschauspiels zu verstärken.

18) Ein Gedicht pantomimisch darstellen (vgl. Haas 1997, S. 111–119): Das Gedicht „Glück" von Ingrid Lissow beschreibt mehrere Tätigkeiten, welche gut pantomimisch dargestellt werden können. Dazu müssen die Schüler das Gedicht erst lesen, dann bestimmen, wie viele Personen sie für die Darstellung brauchen und in einem weiteren Schritt die einzelnen Bewegungen ausführen. Dabei sollten alle Meinungen der Mitspieler beachtet werden. Den Schülern steht für diese Aufgabe schwarze Kleidung zur Verfügung, die sie als pantomimische Darsteller anziehen können. Des Weiteren dürfen sie sich ihr Gesicht mit weißer Schminke bemalen, um die Mimik dadurch zu unterstützen.

19) Gedicht im Stabfigurentheater darstellen: Da das Gedicht „Mäuse im Kornfeld" von Klaus W. Hoffmann einen Vorgang beschreibt, eignet sich die Methode des szenischen Darstellens für die Annäherung an die Erschließung des Gedichts. Diese Darstellung soll mit Hilfe des Stabfigurentheaters geschehen.

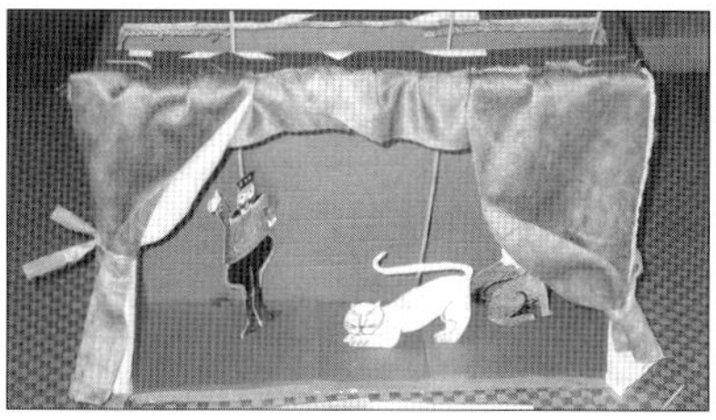

Im dritten Bereich werden Arbeitsaufträge zur Produktion eigener Texte angeboten, die Kinder also zum kreativen Schreibens angeregt.

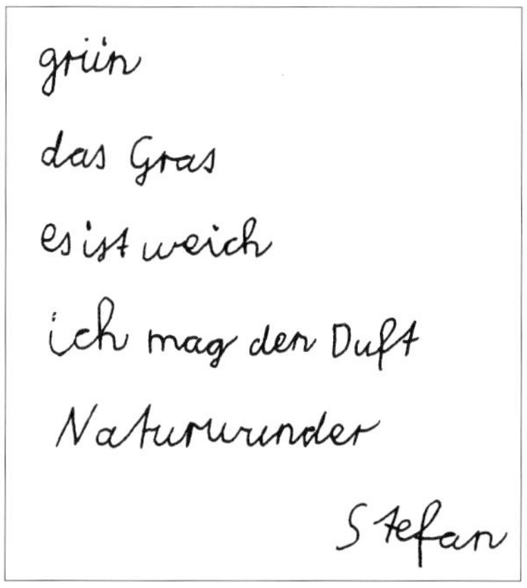

20) Nach dem Hören einer Fantasiereise ein Elfchen schreiben (vgl. Merkelbach 1993, S. 80–81): Den Schülern ist die Bauform des Elfchens bekannt, weshalb es bei dieser Aufgabenstellung keiner weiteren Erläuterung des Bauplans bedarf. Zur Wiederholung ist er jedoch auf der Arbeitsanweisung mit aufgeführt. Die Schüler müssen sich für diese Aufgabe einen ruhigen Platz suchen und sich eine Fantasiereise per Walkman anhören. Anschließend verfassen sie ihr Elfchen. Während des Schreibens können sie diese entspannende Musik weiterhören. Nach der Fertigstellung sollen sie ihr Elfchen anderen Kindern der Klasse vorstellen und nach der Kritik überarbeiten.

21) Ein Akrostichon schreiben (vgl. Böttcher 1999, S. 60): Die Schüler sollen in dieser Aufgabe das Kurzgedicht Akrostichon kennen lernen. Ihnen wird in der Aufgabenstellung ein Akrostichon als Beispiel vorgegeben und sie schreiben nun eins zu einem selbst gewählten Wort. Die Ideen-Kiste kann ihnen dabei helfen. Da das Schreiben dieses Gedichts an keine weiteren Regeln, außer dass die Zeile mit dem Buchstaben, der die Zeile markiert, beginnen muss, wird es den Kindern nicht schwer fallen, ein Akrostichon zu schreiben.

22) Ein Fortsetzungsgedicht schreiben (vgl. Merkelbach 1993, S. 85): Den Schülern wird bei diesem Arbeitsauftrag die erste Strophe des Gedichts „Ich träume mir ein Land" von Erika Krause-Gebauer angeboten. Die Schüler sollen diese lesen und sich darüber Gedanken machen, wie sie sich ihr Land vorstellen. Diese Vorstellung sollen sie in der Fortsetzung des Gedichts ausdrücken. Dabei ist es nicht wichtig, dass sie die gleiche Anzahl an Versen verwenden, sie sollen jedoch das ihnen bekannte Reimschema abab einhalten. Wenn sie ihr Gedicht geschrieben haben, lesen sie es anderen Kindern vor und überarbeiten es gegebenenfalls.

23) Ein Reimgedicht schreiben (vgl. Heinrich/Holverscheid 1996, S. 79): Mit dieser Aufgabe wiederholen die Schüler noch einmal die bekannten Reimschemata. Sie werden ihnen noch einmal dargeboten. Die Kinder suchen sich ein Schema davon aus und schreiben dazu ein Reimgedicht. Sie können sich ein Thema aus der Ideen-Kiste aussuchen, aber auch selbst eins wählen. Das Reimwörter-Lexikon kann ihnen beim Schreiben des Gedichtes behilflich sein.

Ein Reimgedicht

An einem Tag in Afrika,
ihr glaubt mir nicht, was ich da sah.
Ich sah Affen und Giraffen,
die weit über die Savanne gaffen.

Ich rief meinen Papa,
und er sagte prima.
Er holte schnell die Mama ran,
die macht viele Fotos dann.

Sie filmte den Gorilla,
es war ein warmes Klima.
Am Abend kamen Fotografen,
doch da ging ich schnell schlafen.

Moritz

24) Ein freies Gedicht schreiben (vgl. Gien 1999, S. 3): Den Schülern wird für das Schreiben eines freien Gedichtes Material angeboten, das sie für ihr Gedicht verwenden können. Sie suchen sich aus der Dinge-Kiste z. B. ein Streichholz, ein Bonbon usw. aus und kleben diese auf einen großen Bogen Papier. Jetzt schreiben sie ein freies Gedicht auf ein anderes Blatt Papier und beziehen es auf die Dinge, die sie aufgeklebt haben. Nach der Korrektur der Rechtschreibfehler schreiben sie ihr Gedicht in die Mitte des beklebten Blattes. So entsteht ein Gedicht aus Dingen, die dann auch noch das Gedichtblatt verzieren.

25) Aus einem Cluster ein Gedicht machen (vgl. Merkelbach 1993, S. 92): Damit die Schüler für das Schreiben eines Gedichtes genügend Ideen haben, stellen sie ein Cluster her. Da die Schüler kaum Erfahrung haben im Herstellen eines Clusters, wird ihnen die Methode in diesem Arbeitsauftrag verdeutlicht. Es wird ihnen ein Beispiel-Cluster vorgestellt, nach dem sie ihre eigenen Cluster entwerfen können. Das Thema des Gedichts dürfen sie frei wählen und die Ideen-Kiste hilft ihnen bei der Wahl. Nach dem Verfassen des Gedichts, das sich nicht reimen muss, liest der Verfasser es anderen Kindern vor und legt das fertige Gedicht in die Korrigier-Ablage.

26) Ein Piktogramm herstellen (vgl. Schulz 1997, S. 83–84): Der Arbeitsauftrag konfrontiert die Kinder als Erstes mit einem Piktogramm, damit sie dieses Bild- oder Figurengedicht kennen lernen. Anschließend werden sie dazu aufgefordert, selbst ein Piktogramm herzustellen, wobei sie vorgegebene Wörter oder auch eigene Wörter wählen können.

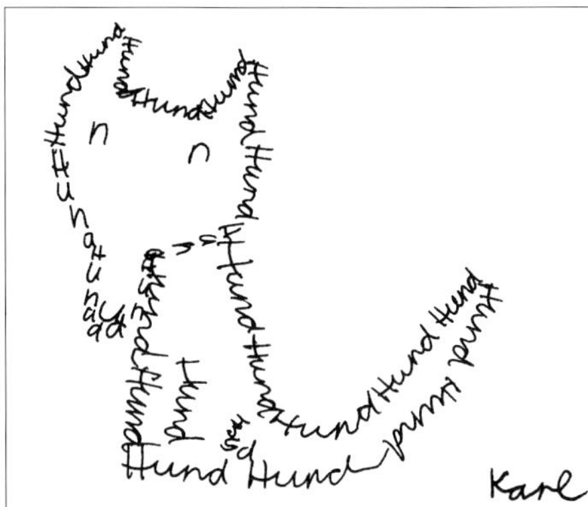

27) Aus Zeitungsschnipseln ein Gedicht herstellen (vgl. Merkelbach 1993, S. 91): Den Schülern werden 20 Zeitungsschnipsel angeboten, die zusammengesetzt werden können, je nachdem, welches Gedicht die Kinder „basteln" wollen.

28) Ein Gedicht zu Gerüchen schreiben (vgl. Selnar 1998, S. 40–43): Die Kinder werden durch Gerüche des Sommers (Sonnencreme, Blumenduft usw.) angeregt, ein Gedicht zum Sommer zu schreiben. Dieses Gedicht muss sich nicht reimen. Die Gerüche befinden sich in Riechbeuteln.

Grundriss des Aufbaus der Werkstatt

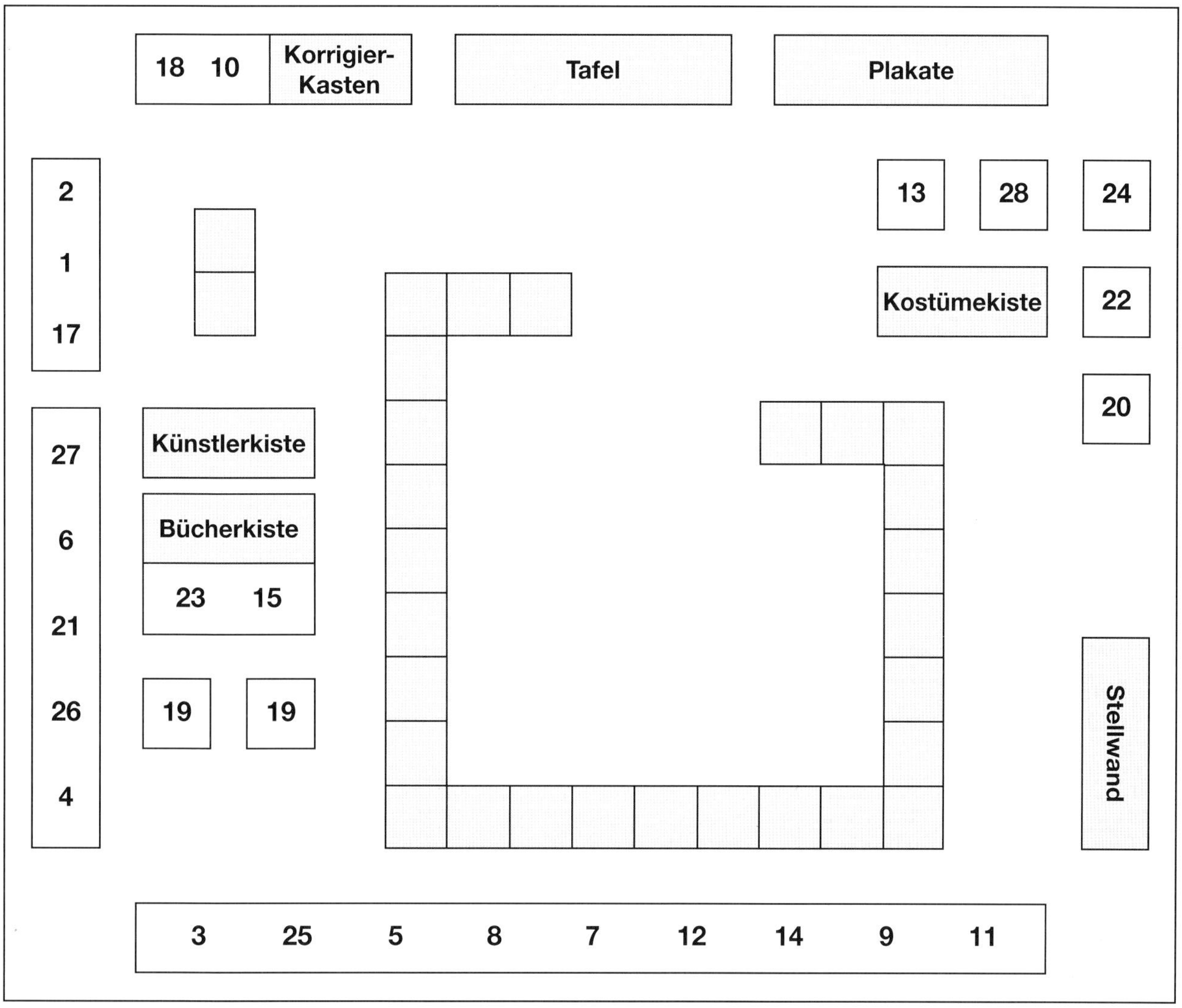

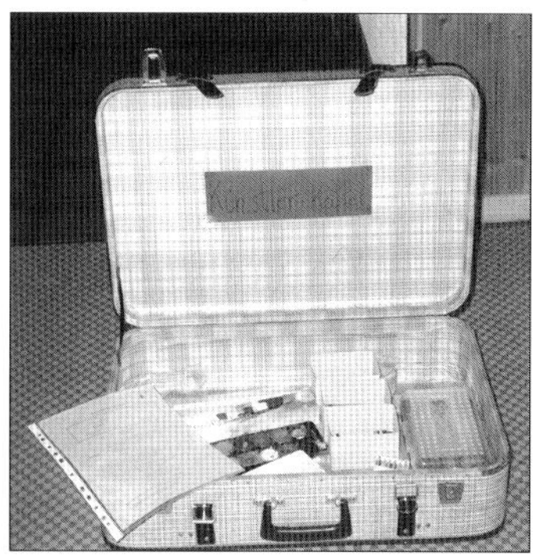

Die Materialien der Werkstatt

Zu jeder Aufgabe der Gedichte-Werkstatt sind die benötigten Materialien angegeben.
Zusätzlich können noch folgende im Klassenraum bereitgestellt werden:

- Der *Künstler-Koffer* (Idee aus Selnar 1998, S. 65) ist ein alter Koffer, in dem verschiedene Utensilien wie Wachsmalstifte, Fingerfarben, Tuschkästen, Pinsel, Kleber usw. zu finden sind.
- Die *Gedichte-Kiste* ist ein Karteikasten mit verschiedenen Gedichten. Diese Kiste ist für mehrere Aufgaben wichtig, kann jedoch auch genutzt werden, um sich z. B. mit einem Gedicht zurückzuziehen und es für sich zu lesen (Idee aus Keller 1996, S.13).
- Ähnlich wie die Gedichte-Kiste kann auch die *Gedichte-Bücher-Kiste* genutzt werden.

- Eine *Requisiten- und Kostüme-Truhe* stellt Materialien für das szenische Darstellen bereit.
- Jedes Kind hat zu Beginn der Gedichte-Werkstatt ein *Gedichte-Heft* erhalten, in dem es die Ergebnisse, die während der Arbeit in der Werkstatt entstehen, dokumentieren kann. Im Gedichte-Heft ist der Arbeits-Pass zu finden, auf dem die Kinder ihre erledigten Arbeiten eintragen.
- Für die Kontrolle liegen zwei *Kontrollmappen* (siehe Seite 88 ff.) aus.
- Die Spielregeln, die während der Gedichte-Werkstatt beachtet werden müssen, werden im Klassenraum für alle Kinder sichtbar aufgehängt und besprochen (siehe Seite 31).

5.3 Didaktisch-methodische Gestaltung

Möglicher Unterrichtseinstieg in die Gedichte-Werkstatt

Die Gedichte-Werkstatt kann vom Lehrer bereits am vorherigen Tag aufgebaut werden oder zusammen mit den Kindern zu Beginn des Unterrichts.
Um einen gemeinsamen Stundenanfang zu gestalten, beginnt die *Einstiegsphase* im Sitzkreis. Die Schüler singen das bekannte Lied „Wir Dichter", womit sie sich auf die Thematik der „Gedichte-Werkstatt" einstimmen. Das Hinführen zum Thema kann durch einen stummen Impuls erreicht werden, indem ein sich in der Mitte des Sitzkreises befindender Werkzeugkasten von einem Tuch, das ihn bedeckt, befreit wird. Die Schüler sollen sich nun zu dem Gegenstand in der Mitte äußern und somit ihre Erwartungen an die Werkstatt kundtun.
Alternativ zum Einstieg über den Werkzeugkasten könnte auch das Wort „Werkstatt" bzw. „Gedichte-Werkstatt" an die Tafel geschrieben werden.

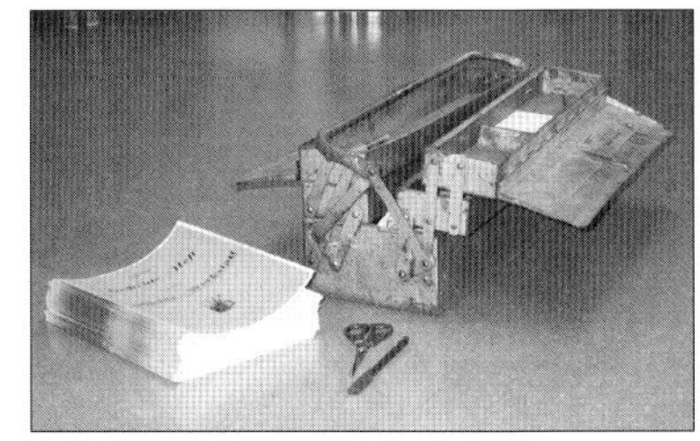

Die Hinführung soll die Kinder auf die Gedichte-Werkstatt einstimmen und Erwartungen wecken. Das soll durch den Inhalt des Werkzeugkastens noch einmal verstärkt werden, denn es kommen Gedichte, Kleber, Stifte und Scheren zum Vorschein. Auch die Gedichthefte, die nun an die Kinder verteilt werden, wecken die Neugierde auf die Werkstatt weiter.

Nachdem über die Gedichte-Werkstatt und das Einführen von Aufgabenchefs gesprochen wurde, gibt es gemeinsam einen Rundgang durch die Werkstatt. Während des Rundgangs werden wichtige Materialien der Werkstatt erklärt. Arbeitsaufträge werden nur teilweise erläutert, da die Kinder ohnehin nur wenig behalten würden. Ihnen soll aber bewusst werden, in welche Bereiche die Werkstatt gegliedert ist und welche Farben zu den einzelnen Bereichen gehören.

Nun können sich die Kinder in der *Phase der Erarbeitung* mit ihrer gewählten Aufgabe beschäftigen.
Die *Phase der Reflexion* findet wieder im Sitzkreis statt und die Schüler stellen kurz ihre gewählten Aufgaben vor, ohne bereits Ergebnisse zu präsentieren. Es ist wichtig, dass alle Aufträge kurz benannt werden, auch wenn die Kinder sie nicht alle behalten können. Sie erfahren, wie wichtig der Aufgabenchef ist, und das gelingt nur, wenn sie auch die Wichtigkeit ihrer Aufgabe begreifen. Zusätzlich zum Arbeitsauftrag wird auch das für den Arbeitsauftrag benötigte Material kurz vorgestellt. In der Reflexionsphase sollte auch über eventuell aufgetretene Probleme oder Störungen während der Arbeitsphase gesprochen werden.

Falls noch genügend Zeit vorhanden ist, führen die Kinder das Reimspiel durch: Ein Kind steht in der Mitte und sagt ein Wort, zu dem die anderen Kinder ein passendes Reimwort finden müssen. So wird ein gemeinsamer Abschluss der Stunde gestaltet.

Die Kinder nehmen noch den Hinweis mit auf den Weg, dass sie sich nun im Laufe dieses oder des nächsten Tages in die Liste der Aufgabenchefs einzutragen haben.

Ein Vorschlag zum Aufbau der Werkstattstunden

Die Unterrichtsstunde beginnt wieder mit einem Sitzkreis, um eine gute Gesprächsatmosphäre zu schaffen. Zum *Einstieg* wird das Lied „Wir Dichter“ gesungen, was die Kinder auf die Arbeit in der Werkstatt einstimmt.
In der *ersten Phase der Erarbeitung* ist eine Absprache über die Arbeit in der Werkstatt geplant:
1. erklären die Schüler, ob sie noch bei einigen Aufgaben Schwierigkeiten haben,
2. geben sie an, was sie heute bearbeiten wollen und
3. wird eine genaue Zeitabsprache stattfinden, an der sich die Kinder orientieren können.

Die eigentliche Arbeit in der Werkstatt, die *zweite Erarbeitungsphase*, wird mit im Hintergrund laufender Entspannungsmusik unterstützt und beginnt mit dem Beschaffen der Arbeitsaufgaben und der Materialien. Kinder, die sich für die Stunde eine Gruppenarbeit wählen, ziehen sich in einen Nebenraum zurück. Die Aufgabenchefs werden immer dann aufgesucht, wenn sie eine Aufgabe kontrollieren sollen.
Da die Arbeitsaufträge so ausgelegt sind, dass selbsttätiges und selbstständiges Lernen möglich ist, kann der Lehrer sich aus dem Unterricht zurücknehmen und während der gesamten Phase den Kindern beratend zur Seite stehen. Wenn Kinder ein Gedicht geschrieben haben, sollen sie es einem Partner oder einer kleinen Gruppe vorlesen. Die Erarbeitungsphase endet mit einem den Schülern bekannten Signal.
Die *Phase der Reflexion* wird wieder im Sitzkreis stattfinden. Die Reflexionsphase wird mit einem Fragenwürfel gelenkt. Diese Methode hat den Vorteil, dass die Kinder einerseits motivierter zur Beantwortung der Fragen sind und zum anderen kann der Lehrer sich zurücknehmen und als Beobachter fungieren. Auf dem Fragenwürfel befinden sich die Sätze:

1. Das Besondere in der heutigen Stunde war ...
2. Mir hat heute nicht so gut gefallen, dass ...
3. Ich hatte heute Schwierigkeiten bei ...
4. Morgen möchte ich Aufgabe ... bearbeiten.
5. Ich würde ... verbessern.
6. Joker

Falls die Kinder das Bedürfnis haben, ein Ergebnis am Ende der Stunde zu präsentieren, so wird die Reflexionsphase mit dem Fragenwürfel dementsprechend gekürzt und das eine oder andere Ergebnis vorgetragen.
Nach der Reflexionsphase sollte ein gemeinsamer Abschluss gegeben sein, was durch das Verabschieden im Stehkreis geschieht. Dabei fassen sich die Kinder mit überkreuzten Armen an den Händen und drehen sich beim „Auf-Wiedersehen-Sagen“ nach hinten aus.

Sequenz	Thema der Stunde	Inhalte der Stunde	Didaktisch-methodischer Kommentar
1	Hinführung zu Gedichten: Prosa und Lyrik	– S. lernen das Lied „Wir Dichter“ kennen – ein Gedicht wird den Kindern in Prosaform und in Gedichtform angeboten – Besprechung einiger Merkmale von Gedichten	Nach der Einführung des Liedes „Wir Dichter“, das die Kinder während der Arbeit in der Gedichte-Werkstatt begleiten soll, werden die Kinder nach Merkmalen von Gedichten gefragt. Um den Kindern deutlich zu machen, dass Gedichte hauptsächlich in Versform geschrieben sind, werden sie in dieser Stunde mit der Prosaform und der Gedichtform eines (beliebigen) Gedichts konfrontiert. Nach dem Lesen beider Texte sollen sie sich spontan äußern und ihre Vermutungen kundtun. Anschließend werden Merkmale von Geschichten besprochen.
2	Strophen und Zeilen: Ein Zeilenpuzzle	– S. singen das Lied „Wir Dichter“ – Wiederholung der bekannten Merkmale von Gedichten. S. erhalten das Gedicht „Das Gewitter“ von James Krüss, dessen Zeilen durcheinander sind und wieder in die richtige Reihenfolge gebracht werden müssen – Besprechung der Arbeitsergebnisse und Gespräch über Inhalt des Textes	Nach dem erneuten Singen des Liedes wiederholen die S. die in der letzten Stunde erarbeiteten Merkmale. Anschließend erhalten sie das Gedicht „Gewitter“ von James Krüss, dessen Zeilen sie auseinander schneiden und wieder in die richtige Reihenfolge bringen. Durch dieses Puzzeln soll den Kindern klar werden, dass Gedichte meist aus Strophen und aus Zeilen bestehen. Sie müssen beim richtigen Zusammensetzen der Zeilen beachten, dass sie die Strophenanzahl einhalten. Nach der Arbeitsphase wird darüber gesprochen, ob die S. mit der Aufgabe zurechtgekommen sind. Wenn die Ergebnisse vom Originaltext abweichen, so sind diese nicht unbedingt zu verbessern. Es geht hier darum, ein Gefühl für Strophen und Zeilen zu wecken.
3 (Doppel-stunde)	Tipps für Dichter: Reimübungen	– Impuls: Reimplakat mit Kreuzreim – Wiederholen der Reimschemata anhand der „Reimplakate“ – Bearbeiten eines Arbeitsblattes mit Gedichten verschiedener Reimschemata, die bestimmt werden sollen – Schreiben eines eigenen Reimgedichtes – Vorlesen der fertiggestellten Reimgedichte	Die S. werden durch einen stummen Impuls (Zeigen eines Reimplakats mit einem Kreuzreim) dazu angeregt, die verschiedenen Reimschemata zu wiederholen. Die Plakate hängen während der gesamten Werkstatt im Klassenraum, damit die S. jederzeit die Möglichkeit haben, diese zu Hilfe zu nehmen. Auf einem Arbeitsblatt finden die Kinder verschiedene Gedichte mit verschiedenen Reimschemata, die sie bestimmen. Dann sollen sie sich ein Reimschema aussuchen und ein eigenes Reimgedicht zu einem Thema, das sie sich aussuchen können (Ideen wurden vorher an der Tafel gesammelt), schreiben. Bevor die S. die Gedichte im Plenum vorlesen, werden ansatzweise Schreibkonferenzen durchgeführt.
4	Elfchen	– Kinder lernen die Form des Kurzgedichtes „Elfchen“ kennen – anhand von Forschergruppen untersuchen die S. das Elfchen (mit einem Forscherarbeitsblatt) – Ergebnisse der Forscherteams werden an der Tafel gesammelt	In dieser Stunde lernen die Kinder die Form des Kurzgedichtes Elfchen kennen. Sie sollen selbstständig dessen Bauplan entdecken, indem sie es anhand von Forscherteams genau untersuchen. Vorher wird ihnen ein Elfchen vorgetragen, und sie sollen Vermutungen abgeben, was das Besondere an so einem Gedicht ist. Für das Herausarbeiten des Bauplans des Elfchens beantworten sie Fragen auf einem Arbeitsblatt. Damit sie die Bauform des Elfchens verstehen, werden ihre Ergebnisse auf Papierstreifen an der Tafel gesammelt.

Sequenz	Thema der Stunde	Inhalte der Stunde	Didaktisch-methodischer Kommentar
5	Elfchen – Angeleitetes Schreiben von Gedichten zum Thema „Strand“	– S. werden durch ein Bild, Musik und Gegenstände auf das Thema Strand eingestimmt – Verfassen eines eigenen Elfchens zum Thema Strand – Vorlesen der Elfchen und Wertung	Die Kinder werden durch das Bild, die Musik und die Gegenstände auf das Thema Strand eingestimmt, um ihre Assoziationen für das Schreiben eines eigenen Elfchens zu wecken. Der Bauplan wird vorher anhand eines ihnen bekannten Elfchens und der Plakatstreifen wiederholt. Das Schreiben erfolgt nach diesen Regeln und die Schüler können sich aussuchen, auf welches Material (Muschel, ausgeschnittener Seestern) sie schreiben. Anschließend werden die Elfchen vorgelesen, auf die Einhaltung des Bauplans hin überprüft und gewürdigt.
6	Das Gedicht „Die Dinge reden“ von Georg Bydlinski mit Rhythmus-Instrumenten wiedergeben	– Kinder lernen das Gedicht „Die Dinge reden“ von Georg Bydlinski kennen – Herausstellen der Besonderheiten – Gedicht mit verschiedenen Musikinstrumenten begleiten – S. schreiben ein eigenes Gedicht (Gegenstände aus dem Haushalt oder andere benutzen) – Vorlesen der Ergebnisse	Den S. soll in dieser Stunde deutlich werden, dass Gedichte einen bestimmten Rhythmus aufweisen. Sie erfassen den Rhythmus des Gedichts „Die Dinge reden“ von Georg Bydlinski. Den S. wird das Gedicht vorgetragen und spontane Äußerungen der S. folgen auf den Vortrag. Wenn Verständnisfragen geklärt sind, wird über das Gedicht gesprochen und anschließend der Rhythmus des Gedichts mit Musikinstrumenten dargestellt. In einem weiteren Schritt werden verschiedene Gegenstände des Haushalts an der Tafel gesammelt und mit diesen Wörtern, die auch viersilbig sind, basteln die Kinder ihr eigenes Gedicht. Sie nehmen das Gedicht von Georg Bydlinski zur Vorlage, müssen also nur noch ihre Wörter, die sie sich ausgesucht haben, einsetzen. Das Vortragen der Ergebnisse wird auch wieder durch die Musikinstrumente unterstützt.
7	Einführung der Werkstattaufgaben und Verteilung der Zuständigkeiten (Chefs)	– Impuls: Werkzeugkasten – Äußern von Erwartungen zur Gedichte-Werkstatt – Die Schüler machen sich mit der Gedichte-Werkstatt vertraut und suchen sich eine Aufgabe, von der sie der Aufgabenchef sein wollen – S. stellen ihre gewählte Aufgabe vor	In dieser Stunde wird den Kindern die Werkstatt vorgestellt. Der Einstieg geschieht durch den stummen Impuls des Zeigens eines Werkzeugkastens. Die Kinder äußern sich zu diesem und verstehen die Arbeit in den nächsten Wochen als eine Arbeit in einer Werkstatt. Nachdem Vorstellungen über die Gedichte-Werkstatt ausgetauscht worden sind, machen die S. mit dem Lehrer einen gemeinsamen Rundgang durch die Werkstatt. Anschließend suchen sich die S. eine Aufgabe aus und nähern sich dieser. Nach kurzer Zeit stellen sie ihre Aufgabe vor und es werden Fragen dazu gestellt und beantwortet. Die Aufgabenchefs werden nun bestimmt.
8 (15 Std.)	Durchführung der Gedichte-Werkstatt	– Einstieg in die Werkstattarbeit im Sitzkreis, wobei die Vorhaben für den Tag besprochen werden – Arbeit in der Werkstatt – Reflexion der Werkstattarbeit und evtl. Vorstellen einzelner Ergebnisse	Die Stunden in der Gedichte-Werkstatt laufen möglichst immer nach einem Schema ab: Im Sitzkreis wird besprochen, welche Aufgaben sich die Kinder vornehmen wollen, dann wird in der Werkstatt gearbeitet und anschließend kommen alle wieder zusammen, um über Probleme, Verbesserungen oder über Ergebnisse zu sprechen.

Sequenz	Thema der Stunde	Inhalte der Stunde	Didaktisch-methodischer Kommentar
9	Die 8. Stunde der Gedichte-Werkstatt	– Singen des Liedes – Absprache der weiteren Arbeit in der Gedichte-Werkstatt – Arbeit in der Gedichte-Werkstatt – Reflexion der geleisteten Arbeit	Die Stunde beginnt mit dem Singen des Liedes, um dieses für die Dichterlesung zu proben. In einem weiteren Schritt sollen sich die S. zunächst einmal selbst einschätzen, was sie in der heutigen Stunde alles schaffen können. Sie nennen ihre zu bearbeitenden Arbeitsaufträge und vereinbaren eine Arbeitszeit in der Werkstatt. Nach dieser Gesprächsrunde beginnt die Arbeitsphase und sie endet mit der gemeinsamen Reflexion im Sitzkreis.
10 (3 Std.)	Auswertung der Arbeitsergebnisse und Üben des Vortragens von Gedichten	– Impuls: Anschrift des Wortes Dichterlesung, S. äußern sich dazu – S. suchen sich aus ihren Ergebnissen zwei aus, die sie gern vorstellen wollen – Präsentation der Arbeitsergebnisse – Auswahl der zu zeigenden Ergebnisse und Festlegung der Reihenfolge	Bevor die Präsentation der Ergebnisse vollzogen wird, haben die Kinder Zeit, sich in Ruhe zu überlegen, welche Arbeitsergebnisse sie vorstellen wollen. Sie können noch Verbesserungen vornehmen. Die Vorstellung der Arbeitsergebnisse geschieht im Sitzhalbkreis, da dadurch ein freier Blick auf die Vorstellenden vorhanden ist. Nach der Vorstellung entscheiden die Kinder, welche Ergebnisse sie auf der Dichterlesung präsentieren wollen. Nach dieser Vorstellung entwerfen die Kinder eine Reihenfolge für die Lesung und Präsentation der einzelnen Gedichte und gegebenenfalls auch eine Einladung.
11 (3 Std.)	Autorenlesung im Forum der Schule	– S. stellen die von ihnen ausgesuchten Arbeitsergebnisse (selbst geschriebene Gedichte, szenische Darstellungen, Collagen usw.) vor	Die Dichterlesung soll den Höhepunkt der gemeinsamen Arbeit mit Gedichten darstellen. Damit die Ergebnisse nicht nur im Klassenraum bleiben und eine Würdigung nicht nur dort geschieht, sollen sie der ganzen Schule vorgestellt werden.
12	Fertigstellung des Gedicht-Buches der Klasse	– S. lesen sich ihre selbstverfassten Gedichte noch einmal durch und suchen sich eines davon aus – Vortragen der ausgewählten Gedichte und illustrieren	Nach der Abschrift der Gedichte (evtl. durch den Lehrer) verschönern die Kinder diese durch Zeichnungen und anderes, damit sie ein gemeinsames, schön gestaltetes Produkt ihrer Werkstatt erhalten.

Wir halten uns an Regeln während der Arbeit in der Gedichte-Werkstatt

1. Wir reden während der Arbeitsphasen <u>leise</u> miteinander.

2. Wir stören die anderen nicht, aber wir können andere um Hilfe bitten.

3. Wenn jemand allein arbeiten will, nehmen wir Rücksicht.

4. Ich kann alles sagen, was mir zu einem Gedicht einfällt.

5. Ich nehme Kritik von anderen zu meinen Ergebnissen gerne an.

6. Eine begonnene Arbeit muss immer beendet werden.

ARBEITS-PASS

Bereiche	Datum	Kontrolliert von
Bereich: Gedichten nahekommen		
1. Gedicht auf eine Schachtel schreiben		
2. Ein Gedicht wiederherstellen		
3. Zwei Gedichte entflechten		
4. Ein Gedicht reparieren		
5. Ein Gedicht mit Reimwörtern ergänzen		
6. Ein Gedicht in seine Form bringen		
7. Fragen an ein Gedicht stellen		
Bereich: Gedichte verstehen		
8. Gedicht abschreiben und besondere Wörter zeichnen		
9. Ein Bild zum Gedicht malen		
10. Nach einem Gedicht malen		
11. Eine Collage herstellen		
12. Musik zum Gedicht suchen		
13. Eine Bildergeschichte zum Gedicht malen		
14. Ein Gedicht spielen		
15. Ein Gedicht mit einem Faden legen		
16. Zu einem Gedicht spielen		
17. Ein Gedicht mit Musikinstrumenten begleiten		
18. Ein Gedicht pantomimisch darstellen		
19. Gedicht im Stabfigurentheater darstellen		
Bereich: Gedichte schreiben		
20. Nach einer Fantasiereise ein Elfchen schreiben		
21. Ein Akrostichon schreiben		
22. Ein Fortsetzungsgedicht schreiben		
23. Ein Reimgedicht schreiben		
24. Ein freies Gedicht schreiben		
25. Aus einem Cluster ein Gedicht machen		
26. Ein Bildgedicht herstellen		
27. Aus Zeitungsschnipseln ein Gedicht herstellen		
28. Ein Gedicht zu Gerüchen schreiben		

DIE AUFGABENCHEFS

Bereiche	Aufgabenchef	Unterschrift
Bereich: Gedichten nahekommen		
1. Gedicht auf eine Schachtel schreiben		
2. Ein Gedicht wiederherstellen		
3. Zwei Gedichte entflechten		
4. Ein Gedicht reparieren		
5. Ein Gedicht mit Reimwörtern ergänzen		
6. Ein Gedicht in seine Form bringen		
7. Fragen an ein Gedicht stellen		
Bereich: Gedichte verstehen		
8. Gedicht abschreiben und besondere Wörter zeichnen		
9. Ein Bild zum Gedicht malen		
10. Nach einem Gedicht malen		
11. Eine Collage herstellen		
12. Musik zum Gedicht suchen		
13. Eine Bildergeschichte zum Gedicht malen		
14. Ein Gedicht spielen		
15. Ein Gedicht mit einem Faden legen		
16. Zu einem Gedicht spielen		
17. Ein Gedicht mit Musikinstrumenten begleiten		
18. Ein Gedicht pantomimisch darstellen		
19. Gedicht im Stabfigurentheater darstellen		
Bereich: Gedichte schreiben		
20. Nach einer Fantasiereise ein Elfchen schreiben		
21. Ein Akrostichon schreiben		
22. Ein Fortsetzungsgedicht schreiben		
23. Ein Reimgedicht schreiben		
24. Ein freies Gedicht schreiben		
25. Aus einem Cluster ein Gedicht machen		
26. Ein Bildgedicht herstellen		
27. Aus Zeitungsschnipseln ein Gedicht herstellen		
28. Ein Gedicht zu Gerüchen schreiben		

KONTROLLBLATT																
1. Ged. auf Schachtel schreiben																
2. Ged. wiederherstellen																
3. Zwei Ged. entflechten																
4. Ged. reparieren																
5. Ged. mit Reimwörtern ergänzen																
6. Ged. in seine Form bringen																
7. Fragen an ein Ged. stellen																
8. Ged. abschreiben, zeichnen																
9. Bild zum Ged. malen																
10. Nach einem Ged. malen																
11. Collage herstellen																
12. Musik zum Ged. suchen																
13. Bildergeschichte malen																
14. Ein Ged. spielen																
15. Ged. mit einem Faden legen																
16. Zu einem Ged. spielen																
17. Ged. mit Musikinstrumenten																
18. Ged. pantomimisch darstellen																
19. Stabfigurentheater																
20. Fantasiereise / Elfchen																
21. Akrostichon schreiben																
22. Fortsetzungsged. schreiben																
23. Reimged. schreiben																
24. Freies Ged. schreiben																
25. Ged. aus einem Cluster																
26. Piktogramm																
27. Zeitungsschnipsel																
28. Ged. zu Gerüchen schreiben																

Übersicht über verwendete Symbole

Bereiche:

Gedichten nahekommen

Gedichte verstehen

Gedichte schreiben

Informationstext

Material

Arbeitsauftrag

Einzelarbeit

Tipp

Partnerarbeit

Kontrolle

Gruppenarbeit

Gedicht auf eine Schachtel schreiben

Einzelarbeit

Suche dir ein Gedicht aus, das dir besonders gut gefällt.
Du findest sicher eins in der Gedichtkartei oder einem Gedichtbuch aus der Bücherkiste.

Du kannst dein Gedicht verschenken:
Schreibe das Gedicht ganz klein auf Tonpapier und klebe es auf eine Schachtel, Dose oder Flasche.

1. Bücherkiste
2. Tonpapier
3. Schachteln, Dosen usw.

Ein Gedicht wiederherstellen

Einzelarbeit

Dieses Gedicht ist durcheinandergeraten.
Kannst du es wieder zusammenfügen?

Lege die Zeilen so wieder zusammen,
wie du es für richtig hältst.
Bearbeite zuerst die Strophen in der ersten Tüte.
Schaffst du das ganze Gedicht?
Dann bearbeite auch noch die zweite Tüte.

Kontrolliere mit dem Kontrolltext.
Lege die Streifen wieder in die richtigen Tüten.

Gedichtstreifen

Tüte 1

Das Wasser

Vom Himmel fällt der Regen

und macht die Erde nass,

die Steine auf den Wegen,

die Blumen und das Gras.

Die Sonne macht die Runde

in altgewohntem Lauf

und saugt mit ihrem Munde

das Wasser wieder auf!

Tüte 2

Das Wasser steigt zum Himmel
und wallt dort hin und her.
Da gibt es ein Gewimmel
von Wolken, grau und schwer.
Die Wolken werden nasser
und brechen auseinand‘
und wieder fällt das Wasser
als Regen auf das Land.
Der Regen fällt ins Freie
und wieder saugt das Licht,
die Wolke wächst aufs neue,
bis das sie wieder bricht.
So geht des Wassers Weise:
Es fällt, es steigt, es sinkt
in ewiggleichem Kreise
und alles, alles trinkt!

James Krüss

Zwei Gedichte entflechten

Partnerarbeit

Zwei Gedichte von Josef Guggenmos sind hier durcheinandergeraten.
Könnt ihr sie wieder entflechten?

Legt jedes Gedicht wieder richtig zusammen.

Jedes Gedicht hat zwei Strophen.

Kontrolliert euer Gedicht mit dem Kontrolltext.

Gedichtstreifen

Gedicht 1

Der Regenwurm

Ja, du kennst den braven Herrn?

Gartenerde isst er gern.

Ackerboden, Wiesengrund –

alles mundet seinem Mund.

Alles kaut er bröselfein.

So frisst der Wurm sich querfeldein.

Den Wurm im Boden sieht man nicht.

Wenn der Spaten ihn zersticht,

wächst ein neuer Kopf dem Schwanz.

Jeder Teil wird wieder ganz.

Was erst einer war, kriecht fort,

sowohl nach da als auch nach dort.

Josef Guggenmos

Gedicht 2

Sieben kecke Schnirkelschnecken

Sieben kecke Schnirkelschnecken

saßen einst auf einem Stecken,

machten dort auf ihrem Sitze

kecke Schnirkelschneckenwitze.

Lachten alle so:

„Ho, ho, ho, ho, ho!"

Doch vor lauter Ho-ho-Lachen,

Schnirkelschneckenwitze-Machen,

fielen sie von ihrem Stecken:

alle sieben Schnirkelschnecken –

Liegen alle da.

Ha, ha, ha, ha, ha!

Josef Guggenmos

Ein Gedicht reparieren

Einzelarbeit

Hier ist wirklich ein fauler Zauber geschehen: Die Strophen des Gedichts sind durcheinandergeraten.

Kannst du die Strophen wieder in die richtige Reihenfolge bringen?

Kontrolliere dein Ergebnis mit dem Kontrolltext.

Arbeitsblatt

Des Publikums Verblüffung wächst.
Wo hat er sie nur hingehext?
Sie sind nicht fort, wie mancher
denkt,

Erich Kästner

Da steigen aus dem Publikum
schnell Fritz und Franz aufs Podium.
Er hüllt sie in ein schwarzes Tuch
und liest aus seinem Zauberbuch.
Er schwingt den Stock ein paar Sekunden.
Er hebt das Tuch – sie sind verschwunden!

Nur Fritz und Franz sind voller Freude.
Sie schleichen sich aus dem Gebäude.
Und Mamelock sucht sie noch heute.

Fauler Zauber

Der Zauberkünstler Mamelock
hebt seinen goldnen Zauberstock.
„Ich brauche“, spricht er dumpf, „zwei Knaben,
die ziemlich viel Courage haben.“

Fritz sagt zu Franz: „Siehst du die Leiter?“
Sie klettern abwärts und gehen weiter.
Der Zauberkünstler lässt sich Zeit,
nimmt dann sein Tuch und wirft es breit.
Er schwingt sein Zepter auf und nieder –

doch kommen Fritz und Franz nicht wieder!
Der Zauberer fällt vor Schrecken um.
Ganz ähnlich geht’s dem Publikum.

Ein Gedicht mit Reimwörtern ergänzen

Einzelarbeit

Hier stimmt etwas nicht!
Im Text fehlen einige Reimwörter.

Ergänze die fehlenden Reimwörter.
Klebe den Text in dein Gedichtheft.

Du kannst das Gedicht schön gestalten!

Kontrolliere mit dem Kontrolltext.

1. Gedichtblatt
2. Gedichtheft
3. Kleber und Schere

Übers Dichten

Mein Freund Wilfried sagt,
ich soll mal Silben zählen.
Mein Freund Wilfried ________________,
ich würd nur Wörter quälen –
ich glaube, Wilfried, der hat recht:
dichten kann ich wirklich ________________.

Aber Wilfried,
der ist schlau,
denn Wilfried
weiß genau:
Sau
reimt sich auf ______________.
Aber schreibt man`s hinternander hin,
macht es keinen rechten ______________:
Es war einmal `ne Sau,
die war blau...

Moment, das ist doch gar nicht schlecht,
das bieg ich noch`n bisschen ________________,
und schon hab ich ein neues Gedicht.
Und Wilfried?
Macht wieder ein langes ________________ –
Es war einmal `ne Sau,
die war blau.
Blau wollte sie nicht sein,
da wurde sie ein rosa ________________.

Ein Gedicht in seine Form bringen

Einzelarbeit

Hier stimmt etwas nicht:
Das ist keine Geschichte, sondern ein Gedicht.

Versuche, es in die richtige Form zu bringen.
Die Reime helfen dir dabei.
Schreibe es in dein Gedichtheft.

Kontrolliere dein Ergebnis mit dem Kontrolltext.

1. Arbeitsblatt
2. Gedichtheft

Die Schnecke und der Tiger

Die Schnecke und der Tiger spielten Verlierer und Sieger. Der Tiger besiegt die Schnecke, die Schnecke bringt den Tiger zur Strecke. Dann wechseln sie wieder. Auch Verlierer sind manchmal Sieger.

Heinz Janisch

Fragen an ein Gedicht stellen

Einzelarbeit

Einige Gedichte sind schwer zu verstehen.
Manchmal weiß man gar nicht, wie es gemeint sein könnte.

Lies dir das Gedicht leise durch.
Hast du alles verstanden?
Schreibe deine Fragen in die Sprechblasen zum Gedicht.

Lies deine Fragen im Stuhlkreis vor, vielleicht können dir deine Mitschüler oder Mitschülerinnen helfen.

1. Arbeitsblatt
2. Gedichtheft

Wacht vor dem Haus einer Schnecke,
dass diese sich ja gut verstecke
damit sie keiner jäh entdecke
und so mit Sicherheit erschrecke.

Der Mann wacht unermüdlich vor dem Haus,
die Schnecke traut sich nicht mehr raus.

Lutz Rathenow

Ein Gedicht abschreiben und besondere Wörter zeichnen

Einzelarbeit

Lies dir das Gedicht durch.
In diesem Gedicht gibt es Wörter,
die du malen kannst.

Schreibe das Gedicht in dein Gedichtheft und
zeichne dabei einige Wörter, anstatt sie zu schreiben.

Ein Beispiel:

… zur

1. Gedichtblatt
2. Gedichtheft

Regne mir

Bitte

Jetzt nicht herein,

sagte die Bodenkammer

durchs Dachloch

zur Regenwolke,

ich habe fünf Katzenkinder im Nest.

Wiedersehn in drei Wochen!

Sagte die Wolke,

lüpfte den Hut

und verzog sich.

Doris Mühringer

Ein Bild zum Gedicht malen

Einzelarbeit

Lies dir das Gedicht durch.
Kannst du dir vorstellen, dass du in dem Garten liegst? Male ein Bild zu diesem Gedicht.

Benutze den Künstlerkoffer!

1. Papier
2. Künstlerkoffer

Garten

Ich sitze im Gras und schweige.
Der Himmel ist blau wie das Meer.
Der Wind bewegt die Zweige,
sie schwingen leicht, hin und her.

Ich bin nicht allein, denn ich sehe
den Wind, der im Kirschgeäst schaukelt,
den Schmetterling, der in der Nähe
ganz langsam vorübergaukelt.

Ich höre die Amseln und Stare.
Ich sehe die Käfer im Kraut.
Der Wind bewegt meine Haare,
die Sonne berührt meine Haut.

Georg Bydlinski

Nach einem Gedicht malen

Einzelarbeit

Lies dir das Gedicht „Zwerg“ von Erwin Moser leise durch.
Schließe nun die Augen und versuche, dir den Traum vom Zwerg vorzustellen.
Wie hat der Zwerg wohl ausgesehen?

Male den Zwerg.

Benutze den Künstlerkoffer.

1. Gedichtblatt
2. Tuschkasten oder Wachsmalstifte (Künstlerkoffer)

Zwerg

Es war einmal ein Zwerg,
der saß auf einem Berg,
der stand in einem Land,
das Land ist unbekannt.
Es liegt auf einem Stern,
der Stern ist klein und fern.
Es schwebt ganz weit im Raum,
so weit kann keiner schaun.

Das war so seltsam schön,
und ich, ich hab`s gesehn!
Und zwar vergang`ne Nacht,
bevor ich aufgewacht....

Erwin Moser

Eine Collage herstellen

Partnerarbeit

Lest euch das Gedicht durch.

Die Autorin befürchtet, dass wir nicht sorgfältig genug mit unserer Umwelt umgehen.

Stellt eine Collage her.
Sammelt Bilder von der Natur und solche, auf denen zu sehen ist, was die Erde zerstört und wie die Erde eventuell in ein paar Jahren aussehen könnte.

1. Gedichtblatt
2. Tonpapier
3. Kataloge und Zeitschriften
4. Künstlerkoffer

als ob

über der Brücke
fließt der Wasserstrom
und drunter
hüpfen die Baumwipfel
auf und ab

einfach herumgedreht
die ganze Wirklichkeit

als ob wir
noch genügend Bäume
und klares Wasser hätten

für solche
Spielereien

Carmen Kotarski

Musik zum Gedicht suchen

Einzelarbeit

Lies dir das Gedicht leise durch.

Es wäre doch schön, wenn du das Gedicht
im Sitzkreis vorlesen könntest und
im Hintergrund leise Musik spielte.

Damit du die passende Musik dazu findest,
musst du dir das Gedicht noch einmal
genauer ansehen.

Suche dir eine passende Musik heraus.
Übe das Vortragen mit Musik.

1. Gedicht
2. Kassettenrecorder
3. CD/Kassetten

Muscheln

Zwei Muscheln lagen am Strande
Und redeten hin und her
Von dem, was die Muscheln so reden,
von ihrer Heimat, dem Meer,
von ihrer Heimat, dem Meer.

Sie konnten die Fische verstehen,
die Muscheln waren nicht dumm,
sie sprachen mit Seehund und Seestern,
für Menschen blieben sie stumm –
ja, für uns blieben sie stumm.

Sie sprachen von Flut und von Ebbe
Und manchem gefährlichen Riff,
sie kannten auch viele Matrosen
und manches gesunkene Schiff –
ja, manches gesunkene Schiff.

Zwei Muscheln lagen am Strande
Und redeten hin und her
Von dem, was die Muscheln so reden,
von ihrer Heimat, dem Meer –
dem großen salzigen Meer.

Max Barthel

Eine Bildergeschichte zum Gedicht malen

Einzelarbeit

Lies dir das Gedicht „Die Giraffe mit ihren Beinen“ von Josef Guggenmos leise durch.

Nimm dir ein Blatt und knicke es in der Mitte zweimal. Nun hast du vier Kästchen.

Male zu jeder Strophe ein Bild, sodass eine Bildergeschichte entsteht.

Klebe die Bilder in dein Gedichtheft.

Wenn du willst, kannst du die passenden Strophen zu den Bildern schreiben.

1. Gedicht
2. Papier
3. Stifte
4. Gedichtheft
5. Schere und Kleber

Die Giraffe mit ihren Beinen

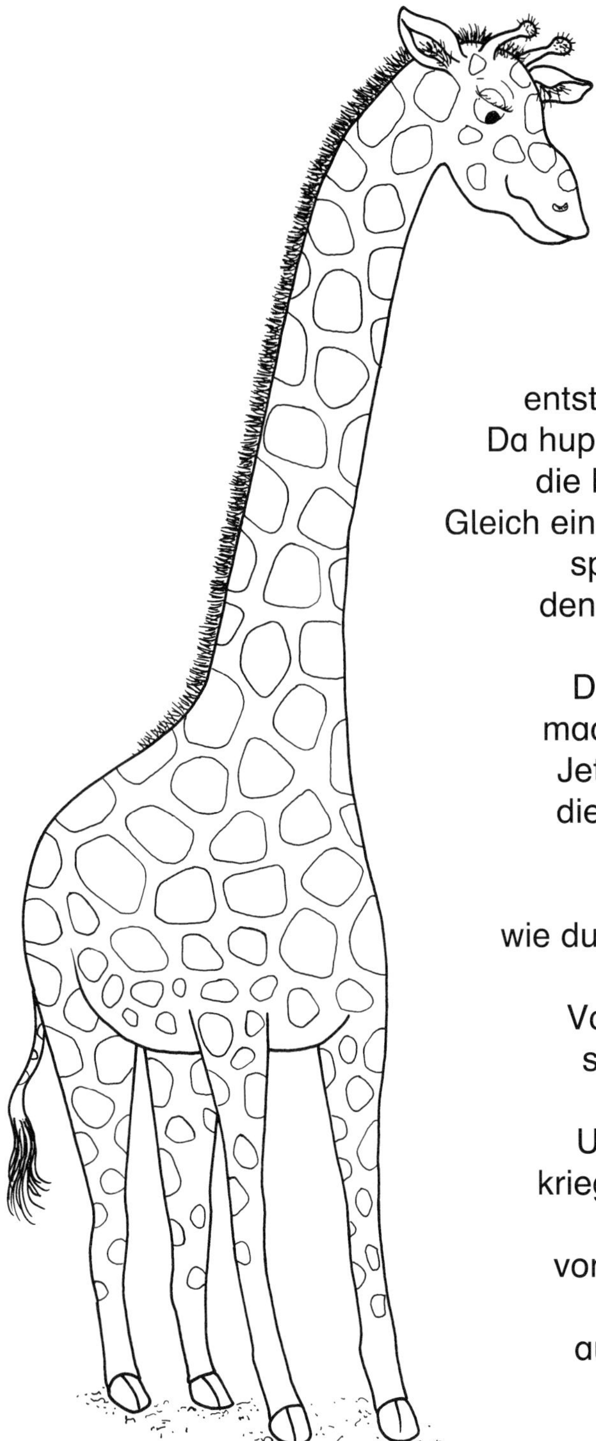

Mit ihren Beinen,
den langen, kam eine Giraffe
nach Wien gegangen.
Dort hat sie sich,
weil es ihr so gefällt,
auf die Straße gestellt
und beguckt
von hoch oben die Welt.

Hinter ihr
entsteht ein Gedränge.
Da hupen Autos in Menge –
die haben es schwer:
Gleich einem gelbkarierten Berge
sperrt die Giraffe
den ganzen Verkehr!

Doch aus Gefälligkeit
macht sie die Beine breit.
Jetzt können die Autos,
die blechernen Zwerge,
in langen Scharen
unter ihr durch
wie durch einen Tunnel fahren.

Vorbei ist aller Verdruss.
sogar der Schutzmann
muss sie loben.
Und zu allem Überfluss
kriegt sie noch auf ihre Nase
hoch droben
von der kleinen Rita Glock
einen Kuss
aus dem zweiten Stock.

Josef Guggenmos

Ein Gedicht spielen

Gruppenarbeit

Lest euch das Gedicht durch.

Dieses Gedicht eignet sich gut dafür, es zu spielen.
Klärt in der Gruppe ab, wer welche Rolle spielt.

Ein Kind sollte das Gedicht lesen, während die anderen dazu spielen.

Sucht in der Requisiten- und Kostüme-Truhe nach einer passenden Verkleidung.

Viel Spaß!

1. Gedichtblatt
2. Requisiten- und Kostüme-Truhe

Die Vogelscheuche

Nachts geht die Vogelscheuche manchmal aus,
weil dann die Vögel alle lange schon schlafen,
setzt Bein vor Bein
(und ihre leeren, die löchrigen Arme wackeln)
und geht nach Haus.

Das ist bei den wolligen schlummernden Schafen,
dort ist sie nicht so allein,
höchstens die Hunde schimpfen sie aus,
das hört man von Spitzen und Dackeln,
und hat es warm.

Sie rollt sich in den eignen schwachen Schatten
Und brummt noch ein bisschen unter den satten,
den Schafen,
die schlafen im Mondenschein,
und schläft ein.

Rudolf Stibill

Ein Gedicht mit einem Faden legen

Einzelarbeit

Lies dir das Gedicht leise durch.

Der Faden verändert sich in jeder Strophe.
Kannst du es dir vorstellen?

Nimm dir ein Gedichtblatt und mehrere Fäden.
Lege die Fäden so, wie sie in der Strophe vorkommen und klebe sie daneben.

Kannst du noch eine weitere Strophe erfinden und den Faden dazukleben?

Wenn du fertig bist, klebe das Blatt in dein Gedichtheft.

1. Arbeitsblatt
2. Fäden
3. Gedichtheft
4. Kleber und Schere

Der Faden

Es war einmal ein Faden,
der lag da wie ein Strich.

Der lag da und langweilte sich.
„Was tu ich? Ich ringle mich!“

Er ringelte sich zur Spirale.
Und dann mit einem Male

machte er aus sich draus
eine Schnecke mit ihrem Haus.

Gleich wurde was Neues gemacht:
Heidiwitzka, eine 8!

Bald darauf eine Dickedull,
eine kugelrunde Null.

Dann noch, mit viel Geschick,
ein Fisch, ein Meisterstück!

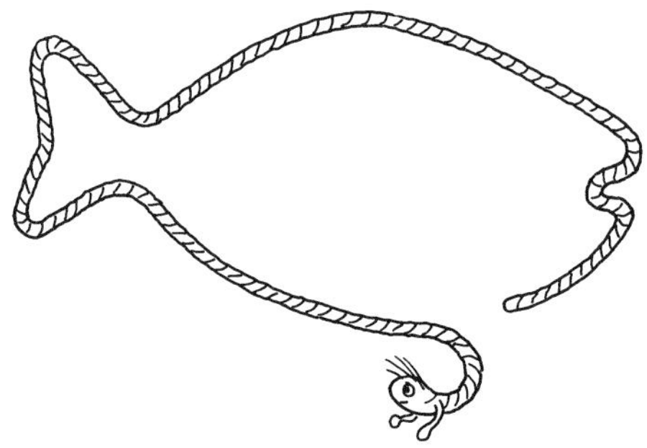

„Was kann ich jetzt noch sein?“,
dachte der Fisch. Da fiel ihm was ein.

„Ich schlängle mich als Schlange –
wenn wer kommt, dann wird ihm bange!“

Dass wer kommt –
Drauf wartet er schon lange.

Josef Guggenmos

Zu einem Gedicht spielen

Partnerarbeit

Lest euch das Gedicht mehrmals durch.
Könnt ihr das „Gedicht-Gespräch“
auch am Telefon spielen?

Wandelt das Gedicht ab und buchstabiert euren Namen.

1. Zwei Telefone
2. Gedichtblatt

Herr Glamek buchstabiert

Herr Glamek spricht am Telefon
mit seinem Nachbarn Peterson.
Er glaubt, dass man ihn nicht versteht,
und buchstabiert, so laut es geht:
„Hier Glamek – sprech ich denn so leise?
Ich wiederhole, stückchenweise:
Glamek – mit G wie in Giraffe,
mit L wie Löwe, A wie Affe,
mit M wie Möwe, E wie Ente
und K wie Kuh –
Hallo! Ja hören sie denn auch zu?“

Herr Peterson, der nicht versteht,
was bei Herrn Glamek vor sich geht,
der ruft: „Hallo!“
Ist dort der Zoo?“

Hans Georg Lenzen

Ein Gedicht mit Musikinstrumenten begleiten

Gruppenarbeit

Lest euch das Gedicht „Das Gewitter“
von Josef Guggenmos durch.

Dieses Gedicht eignet sich dazu,
einzelne Wörter oder Sätze mit Geräuschen
oder Tönen zu unterstützen.
Zum Beispiel könnte der Donner
mit einem lauten Trommelschlag
dargestellt werden.

Ihr sollt das Gedicht mit vielen Geräuschen und Tönen unterstützen. Sucht euch dafür passende Instrumente aus.

1. Gedichtblatt
2. Musikinstrumente und andere Gegenstände

Das Gewitter

Hinter dem Schlossberg kroch es herauf.
Wolken – Wolken!
Wie graue Mäuse,
ein ganzes Gewusel.
Zuhauf
jagten die Wolken gegen die Stadt.
Und wurden groß
und glichen Riesen
und Elefanten
und dicken, finsteren Ungeheuern,
wie sie noch niemand gesehen hat.

„Gleich geht es los!“,
sagten im Kaufhaus Dronten
drei Tanten
und rannten heim, so schnell sie konnten.
Da fuhr ein Blitz
mit hellichtem Schein,
zickzack
blitzschnell
in einen Alleebaum hinein.
Und ein Donner schmetterte hinterdrein,
als würden dreißig Drachen
auf Kommando lachen,
um die Welt zu erschrecken.
Alle Katzen in der Stadt
verkrochen sich
in die allerhintersten Stubenecken.

Doch jetzt ging ein Platzregen nieder!
Die Stadt war überall
nur noch ein einziger Wasserfall.
Wildbäche waren die Gassen.

Plötzlich war alles vorüber.
Die Sonne kam wieder
und blickte vergnügt
auf die Dächer, die nassen.

Josef Guggenmos

Ein Gedicht pantomimisch darstellen

Gruppenarbeit

Lest euch das Gedicht durch.

Überlegt euch, wie ihr das Gedicht pantomimisch vorspielen könnt.

Wenn ihr euch beratschlagt habt, liest ein Kind den Text vor und die anderen führen die Pantomime durch.

Bei der Vorstellung auf der gemeinsamen Dichterlesung könnt ihr eure Gesichter noch weiß schminken und euch schwarze Kleidung anziehen.

1. Gedichtblatt
2. Schminke (für die Dichterlesung)

Glück

Kirschen essen
hundert Kerne spucken,
Liebesbriefe
mit Kartoffeln drucken,

Suppenkraut zu
Lorbeerkränzen winden,
kunterbunte
Kieselsteine finden,

barfuß durch
die Regenpfützen laufen,
dreizehnmal am Tage
Eiskrem kaufen,

Pfeil und Herzen
auf den Gehsteig malen,
für ein Luftschloss
keine Miete zahlen,

um die Welt gehen
und zurück,
das ist Glück.

Ingrid Lissow

Gedicht im Stabfigurentheater vorspielen

Gruppenarbeit

Ihr findet hier ein Gedicht, das ihr
im Stabfigurentheater spielen könnt.

Lest euch das Gedicht mehrere Male durch und
besprecht, welche Figuren ihr braucht.
Teilt nun die Rollen ein und spielt das Gedicht.

Ihr könnt es frei spielen oder den Text
von einem Kind vorlesen lassen.

1. Gedichtblatt
2. Stabfiguren
3. Stabfigurentheater

Mäuse im Kornfeld

Goldgelben Weizen fraß die Maus,
suchte die dicksten Körner aus.

Blieb nicht allein, ein Mäuserich
sprach: „Wo du hingehst, fress` auch ich."

Da stand der Kater schon bereit,
störte das Mäusemahl zu zweit.

Lang blieb der Kater nicht allein,
bald schlich der Fuchs ins Feld hinein.

Jagte den Kater fort, und dann
kam ein ganz großes Tier heran.

Das war ein dicker, brauner Bär,
kam aus dem Zirkus grad` hierher.

Da wurd` dem Fuchs ganz Angst und Bang,
rannte davon, den Feldweg lang.

Über den Feldweg, durch das Gras
tanzte der Bär und hatte Spaß.

Bis der Dompteur vom Zirkus kam,
ihn wieder mit nach Hause nahm.

Fort sind sie, dachte die Maus,
kam wieder aus dem Mausloch raus.

Immer mehr Mäuse tauchten auf,
füllten mit Weizen ihren Bauch.

Klaus W. Hoffmann

Nach dem Hören einer Fantasiegeschichte ein Elfchen schreiben

Einzelarbeit

Du weißt, wie die Bauform eines Elfchens aussieht.
Zur Erinnerung kannst du sie dir unten ansehen.

Setze dich bequem auf einen Stuhl.
Atme langsam ein und aus und schließe die Augen.
Höre dir die Fantasiereise an.

Schreibe nun ein Elfchen. Wenn du ganz viele Ideen hast, kannst du das Elfchen auch erweitern und zum Beispiel ein „Zwölfchen“ oder „Dreizehnchen“ schreiben.

Lies dein Elfchen mindestens zwei Kindern vor.
Überarbeite es, wenn es nötig ist.

Lege dein Gedicht anschließend in den Korrigier-Kasten!

1. Zeile: Eine Farbe oder Eigenschaft	1 Wort
2. Zeile: in Namenwort mit dieser Farbe oder Eigenschaft	2 Wörter
3. Zeile: Mehr über dieses Namenwort. Was es ist oder was es tut.	3 Wörter
4. Zeile: Etwas über sich selbst, beginnend mit „Ich“	4 Wörter
5. Zeile: Abschlusswort	1 Wort

1. Walkman
2. Gedichtheft (nach Korrektur)

Wiese

Du bist auf einer großen, weiten Wiese –
Du läufst über diese Wiese –
Du spürst unter deinen Füßen das Gras –
Es ist biegsam, weich, sommerwarm –
Du hast Lust, dich ins Gras zu legen –

Du spürst das Gras unter dir, wie eine weiche Decke –
Du siehst die Gräser, viele Arten –
Siehst Blumen dort –
Kleine Käfer krabbeln gemächlich –
Du riechst das Gras, die Erde –
Ein Schmetterling schaukelt an dir vorbei –
Du siehst, wie schön seine Färbung ist –
Die Zeichnung seiner Flügel,
ganz aus Samt scheinen sie zu sein –

du hörst die Bienen summen und schwirren –
du schaust zum Himmel –
du siehst dort oben viel –

du bist ganz ruhig, gelöst und entspannt –
Ruhe durchströmt dich –
Du bist ganz ruhig und entspannt.

Ein Akrostichon schreiben

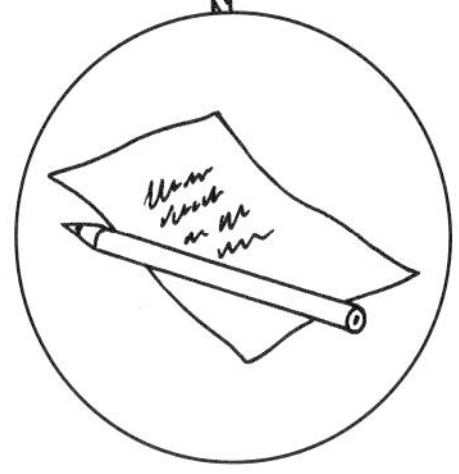

Einzelarbeit

Lies dir das Gedicht durch.

G anz kurz können sie sein
E igentlich lese ich sie gerne
D ichter geben in ihnen ihre Gedanken wieder
I ch fühle ihre Stimmungen
C hancen, sie zu verstehen, haben wir genug
H auptsache, wir zerreden sie nicht
T räume werden sonst zerstört

Dieses Gedicht wird Akrostichon genannt.

Suche dir für das Schreiben dieses Gedichts ein Wort, dessen Buchstaben du untereinander aufschreibst. Die Buchstaben geben den Anfang eines neuen Wortes oder Satzes.

Wenn dir kein Wort einfällt, suche dir eins aus einem Buch.
Lies dein Gedicht einem Partner vor.
Überlegt, an welcher Stelle man etwas besser ausdrücken kann.

Lege deinen Gedichtentwurf in den Korrigier-Kasten.

1. Bücher
2. Gedichtheft (nach der Korrektur)

Ein Fortsetzungs-gedicht schreiben

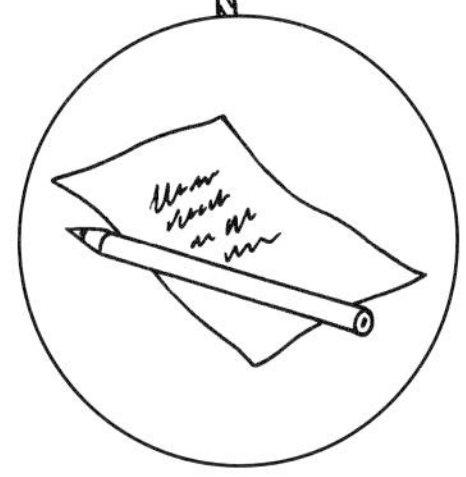

Einzelarbeit

Lies dir die erste Strophe des Gedichtes „Ich träume mir ein Land“ von Erika Krause-Gebauer durch.

Wie stellst du dir dein Traumland vor? Schreibe das Gedicht weiter. Benutze dabei das gleiche Reimschema (abab).

Das Plakat mit dem Reimschema „Kreuzreim“ kann dir dabei helfen.

Lies dein Gedicht zwei Kindern vor und verbessere es, wenn es nötig ist.
Lege dein Gedicht in den Korrigier-Kasten.

1. Gedichtblatt
2. Gedichtheft (nach Korrektur)

Ich träume mir ein Land

Ich träume mir ein Land,
da wachsen tausend Bäume,
da gibt es Blumen, Wiesen, Sand
und keine engen Räume.
Und Nachbarn gibt`s, die freundlich sind,
und alle haben Kinder,
genauso wild wie du und ich,
nicht mehr und auch nicht minder.

Ich träume mir ein Land,

Ich träume mir ein Land,

Ein Reimgedicht schreiben

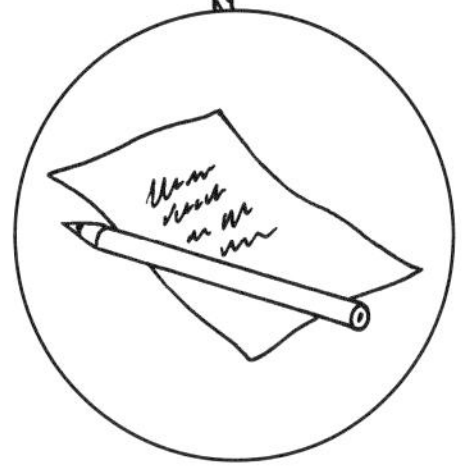

Einzelarbeit

Du kannst Reimwörter in einem Gedicht entdecken.
Du weißt auch, was ein Reimschema ist.
Hier findest du noch einmal die häufigsten Formen:

Paarreim	a a b b
Kreuzreim	a b a b
Umarmender Reim	a b b a

Schreibe ein Gedicht, das sich reimt.
Entscheide dich zuerst für ein Reimschema
und zeichne es dir auf.

Diese Aufgabe ist nicht einfach.
Hole dir Ideen aus Büchern.
Du kannst auch ein Reimwörterlexikon benutzen.

Lies dein Gedicht mindestens zwei anderen Kindern vor. Verbessere es, wenn es nötig ist.

Gedichtheft (nach der Korrektur)

Ein freies Gedicht schreiben – ein Gedicht mit allen Sinnen

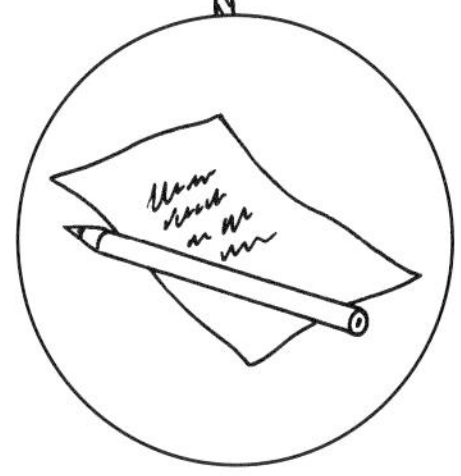

Einzelarbeit

Nimm dir einen Bogen Tonpapier.
Suche dir aus der Dinge-Kiste einige Gegenstände aus, die später in deinem Gedicht eine Rolle spielen sollen (z. B. eine Feder, ein Streichholz).

Klebe diese Gegenstände auf den Bogen Papier, sodass in der Mitte Platz für dein Gedicht bleibt.

Überlege nun genau, wie die Gegenstände zusammenhängen könnten und schreibe ein Gedicht dazu. Das Gedicht soll sich nicht reimen.

Schreibe den Entwurf erst einmal auf ein Blatt Papier und lasse es kontrollieren. Anschließend kannst du es auf dein Plakat übertragen.

Lies dein Gedicht zwei Kindern vor und verbessere es, wenn es nötig ist.

Lege dein Gedicht in den Korrigier-Kasten.

1) Tonpapier
2) Dingekiste
3) Kleber

Aus einem Cluster ein Gedicht machen

Einzelarbeit

Suche dir aus der Ideenkiste ein Thema aus, das dir gut gefällt.
Schaue dir das Cluster auf dem Arbeitsblatt an.
Entwirf selbst eins: Dafür schreibst du das Thema in die Mitte eines freien Blattes und kreist es ein.

Schreibe nun alle Wörter, die dir zu diesem Wort einfallen, um das Wort herum und kreise sie auch ein.

Schreibe mit einigen Wörtern ein Gedicht.
Das Gedicht muss sich nicht reimen.

Du musst nicht alle Wörter verwenden.

Lies dein Gedicht zwei Kindern vor und verbessere es, wenn es nötig ist.

Lege dein Gedicht in den Korrigier-Kasten.

1. Arbeitsblatt mit Cluster
2. Gedichtheft (nach der Korrektur)

Die Clustervorlage

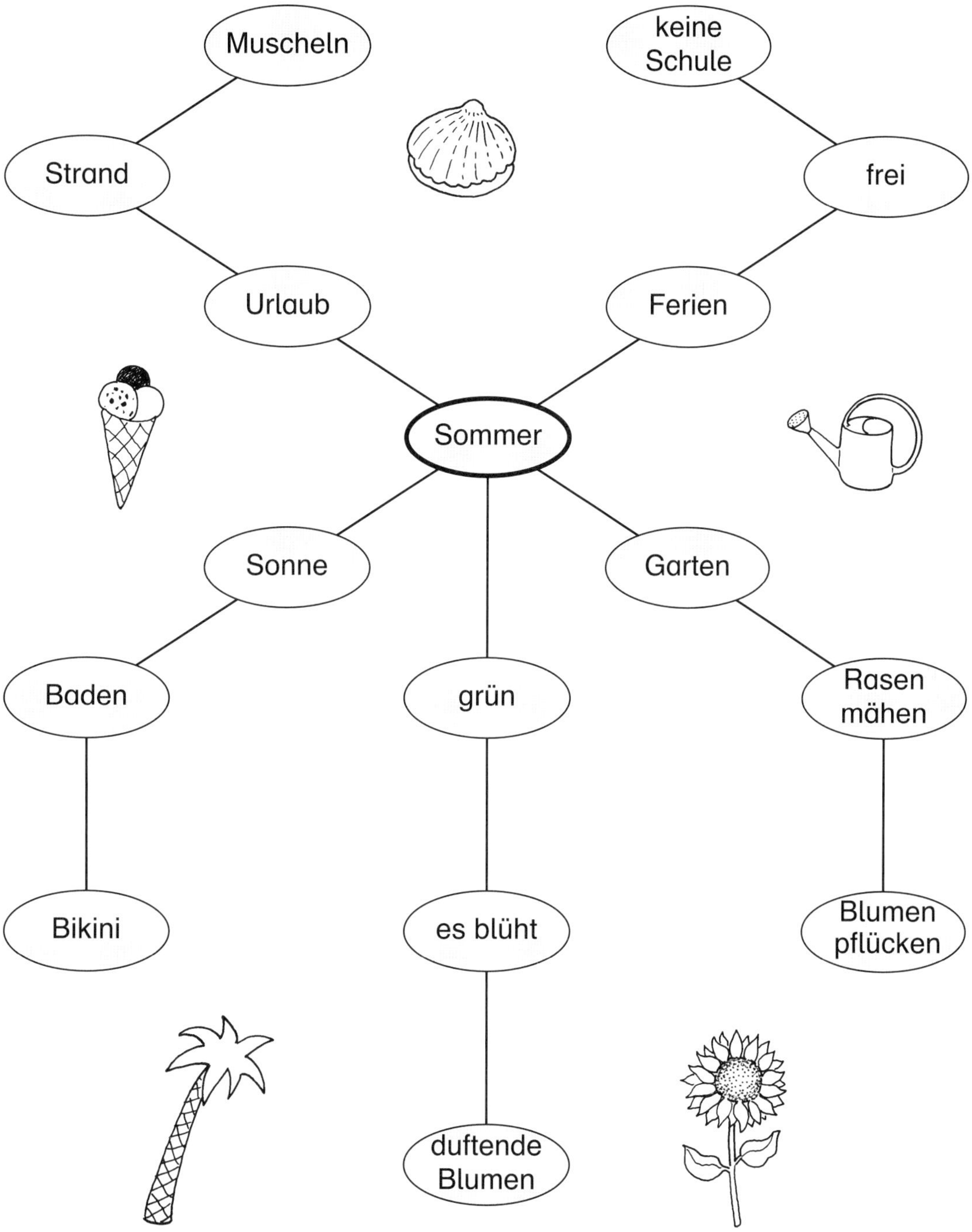

Ein Bildgedicht herstellen

Einzelarbeit

Du findest hier
ein Bildgedicht:

Schaue es dir genau an. Aus Wörtern und mit
Wörtern können Bilder entstehen.

Überlege dir ein Wort, von dem du meinst, dass
du es gut verwenden kannst,
um auch ein Bildgedicht zu schreiben.

Folgende Wörter kannst du verwenden:
Sonne, Stern, Ball, Schaukel …

Zeige dein Bildgedicht zwei Kindern.
Schreibe (male) es dann in dein Gedichtheft.

1. Papier
2. Gedichtheft

Ein Gedicht aus Zeitungsschnipseln schreiben

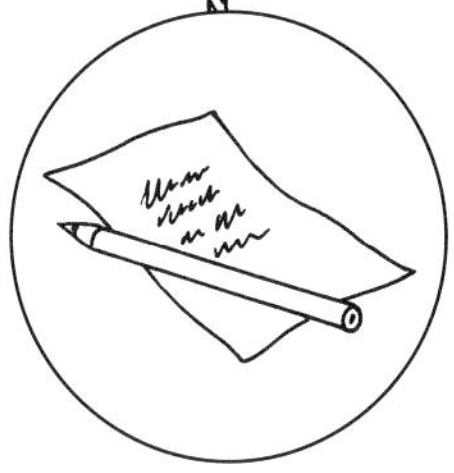

Partnerarbeit

Ihr findet in der Schachtel
zwanzig Zeitungsschnipsel.

Schüttet die Schnipsel aus und lest sie euch durch.

Legt aus mehreren Zeitungsschnipseln ein Gedicht.
Schreibt es in euer Gedichtheft.

Ihr braucht nicht alle Schnipsel
zu verwenden.

1. Zeitungsschnipsel
2. Gedichtheft

Ein Gedicht zu Gerüchen schreiben

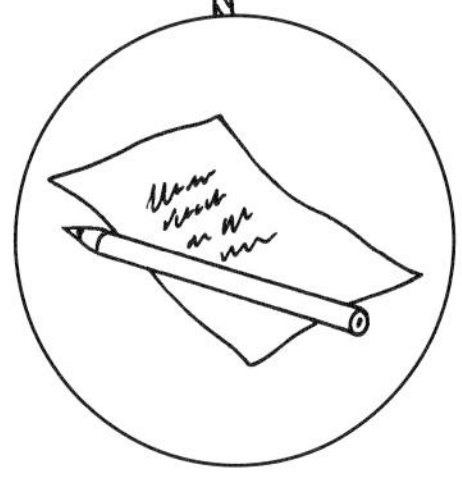

Einzelarbeit

In den Stoffbeuteln befinden sich Naturgegenstände des Sommers.
Kannst du einige erkennen?

Lasse dich von den Gerüchen verleiten,
ein Gedicht zu schreiben.
Wenn sich dein Gedicht reimen soll,
kannst du das Reimwörterlexikon benutzen.

Lies dein Gedicht zwei Kindern vor
und verbessere es, wenn es nötig ist.

Lege es in den Korrigier-Kasten.

1. Stoffbeutel
2. Gedichtblatt
3. Gedichtheft (nach Korrektur)

Das Gedicht vom Sommer

Sommer ist wie ______________________

Sommer ist, wenn ____________________________

Sommer ______________________________

KONTROLLMAPPE

für die

Gedichte-Werkstatt

der Klasse ________

Ein Gedicht wiederherstellen – Kontrollblatt –

Das Wasser

Vom Himmel fällt der Regen
und macht die Erde nass,
die Steine auf den Wegen,
die Blumen und das Gras.

Die Sonne macht die Runde
in altgewohntem Lauf
und saugt mit ihrem Munde
das Wasser wieder auf!

Das Wasser steigt zum Himmel
und wallt dort hin und her.
Da gibt es ein Gewimmel
von Wolken, grau und schwer.

Die Wolken werden nasser
und brechen auseinand`
und wieder fällt das Wasser
als Regen auf das Land.

Der Regen fällt ins Freie
und wieder saugt das Licht,
die Wolke wächst aufs neue,
bis das sie wieder bricht.

So geht des Wassers Weise:
Es fällt, es steigt, es sinkt
in ewiggleichem Kreise
und alles, alles trinkt!

James Krüss

Zwei Gedichte entflechten – Kontrollblatt –

Gedicht 1:

Der Regenwurm

Ja, du kennst den braven Herrn?
Gartenerde isst er gern.
Ackerboden, Wiesengrund –
alles mundet seinem Mund.
Alles kaut er bröselfein.
So frisst der Wurm sich querfeldein.

Den Wurm im Boden sieht man nicht.
Wenn der Spaten ihn zersticht,
wächst ein neuer Kopf dem Schwanz.
Jeder Teil wird wieder ganz.
Was erst einer war, kriecht fort,
sowohl nach da, als auch nach dort.

Josef Guggenmos

Gedicht 2:

Sieben kecke Schnirkelschnecken

Sieben kecke Schnirkelschnecken
saßen einst auf einem Stecken,
machten dort auf ihrem Sitze
kecke Schnirkelschneckenwitze.
Lachten alle so:
„Ho, ho, ho, ho, ho!“

Doch vor lauter Ho-ho-Lachen,
Schnirkelschneckenwitze-Machen,
fielen sie von ihrem Stecken:
alle sieben Schnirkelschnecken –
liegen alle da.
Ha, ha, ha, ha, ha!

Josef Guggenmos

Ein Gedicht reparieren – Kontrollblatt –

Fauler Zauber

Der Zauberkünstler Mamelock
hebt seinen goldnen Zauberstock.
„Ich brauche“, spricht er dumpf, „zwei Knaben,
die ziemlich viel Courage haben.“

Da steigen aus dem Publikum
schnell Fritz und Franz aufs Podium.
Er hüllt sie in ein schwarzes Tuch
und liest aus seinem Zauberbuch.
Er schwingt den Stock ein paar Sekunden.
Er hebt das Tuch – sie sind verschwunden!

Des Publikums Verblüffung wächst.
Wo hat er sie nur hingehext?
Sie sind nicht fort, wie mancher denkt.
Er hat die beiden bloß – versenkt!

Fritz sagt zu Franz: „Siehst du die Leiter?“
Sie klettern abwärts und gehen weiter.
Der Zauberkünstler lässt sich Zeit,
nimmt dann sein Tuch und wirft es breit.
Er schwingt sein Zepter auf und nieder –

doch kommen Fritz und Franz nicht wieder!
Der Zauberer fällt vor Schrecken um.
Ganz ähnlich geht`s dem Publikum.

Nur Fritz und Franz sind voller Freude.
Sie schleichen sich aus dem Gebäude.
Und Mamelock sucht sie noch heute.

Erich Kästner

Ein Gedicht mit Reimwörtern ergänzen – Kontrollblatt –

Übers Dichten

Mein Freund Wilfried sagt,
ich soll mal Silben zählen.
Mein Freund Wilfried klagt,
ich würd nur Wörter quälen –
ich glaube, Wilfried, der hat Recht:
dichten kann ich wirklich schlecht.

Aber Wilfried
der ist schlau,
denn Wilfried
weiß genau:
Sau
reimt sich auf blau.
Aber schreibt man`s hinternander hin,
macht es keinen rechten Sinn:
Es war einmal `ne Sau,
die war blau...

Moment, das ist doch gar nicht schlecht,
das bieg ich noch`n bisschen zurecht,
und schon hab ich ein neues Gedicht.
Und Wilfried?
Macht wieder ein langes Gesicht –
Es war einmal `ne Sau,
die war blau.
Blau wollte sie nicht sein,
da wurde sie ein rosa Schwein.

Wolfram Hänel

Ein Gedicht in seine Form bringen – Kontrollblatt –

Die Schnecke und der Tiger

Die Schnecke und der Tiger
spielten Verlierer und Sieger.
Der Tiger besiegt die Schnecke,
die Schnecke bringt den Tiger zur Strecke.
Dann wechseln sie wieder.
Auch Verlierer sind manchmal Sieger.

Heinz Janisch

6.7 Lied zur Gedichte-Werkstatt

Wir Dichter

1. Gedichte hören, Gedichte lesen finden wir echt toll.
   Sie selbst zu machen ist für uns einfach wundervoll.

   Ein jedermann, ein jeder kann nun die Gedichte seh'n,
   wenn wir mit Spra-, wenn wir mit Spra-, wenn wir mit Sprache umgeh'n.

Refrain:
Wir sind jetzt kleine Dichter, das kann ein jeder seh'n,
wenn wir dichten, wenn wir dichten, kann man uns versteh'n.

2. Wenn wir dichten, wenn wir dichten, schreiben wir drauflos.
   Die Gedichte, die entstehen, sind echt grandios.

   Ein jedermann, ein jeder kann nun die Gedichte seh'n,
   wenn wir mit Spra-, wenn wir mit Spra-, wenn wir mit Sprache umgeh'n.

Refrain:
Wir sind jetzt kleine Dichter, das kann ein jeder seh'n,
wenn wir dichten, wenn wir dichten, kann man uns versteh'n.

3. Frühling, Socken, Fußball und Tor sind manchmal mit dabei.
   Dann ist es für uns, dann ist es für uns eine lustige Schreiberei.

   Ein jedermann, ein jeder kann nun die Gedichte seh'n,
   wenn wir mit Spra-, wenn wir mit Spra-, wenn wir mit Sprache umgeh'n.

Refrain:
Wir sind jetzt kleine Dichter, das kann ein jeder seh'n,
wenn wir dichten, wenn wir dichten, kann man uns versteh'n.

Nach der Melodie des Liedes „Wenn wir zaubern“
von Detlef Jocker und Rolf Krenzer

6.8 Fragebogen zur Gedichte-Werkstatt

Name: ______________________________

1. Haben dir alle Gedichte, die du kennen gelernt hast, gefallen? Wenn nein, welche nicht?

____

2. Gab es Gedichte, die du nicht verstanden hast?

____

3. Was würdest du an der Gedichte-Werkstatt ändern?

____

4. Was hat dir an der ganzen Gedichte-Werkstatt besonders gut gefallen?

____

5. Was hat dir an der ganzen Werkstatt überhaupt nicht gefallen?

____

6. Würdest du so eine Gedichte-Werkstatt noch einmal wiederholen?

____

7 Literaturverzeichnis

Verzeichnis der verwendeten und zitierten Literatur

Andresen, Ute: Mein Schreibtisch ist gedeckt für alle. Kinder und Lyrik. In: Pädagogik 2/89. S. 26–35.

Asmuth, Bernhard: Aspekte der Lyrik: Mit einer Einführung in die Verslehre. 7. Aufl. Opladen: Westdeutscher Verlag 1984.

Baumbusch, Ellen / Laub, Hansjörg: Lernen an Stationen in der Grundschule. Gedichte. Berlin: Cornelsen Scriptor 1999.

Bäumler-Zeuner, Susanne: Klangliche und bildliche Darstellung eines Gedichtes. In: Grundschule 10/1991. S. 48–49.

Behrendt, Martin / Foldenhauer, Karl: Werkbuch Lyrik. Braunschweig: Georg Westermann Verlag 1979. S. 1–14.

Böttcher, Ingrid (Hrsg.): Kreatives Schreiben. Berlin: Cornelsen Scriptor 1999. S. 5–81.

Brandt-Köhn: Susanne: Kinder erleben Gedichte. Modelle für Erzieherinnen und Erzieher. München: Don Bosco 1998.

Brendel, Gitta: Umgang mit lyrischen Texten. In: Grundschule, Heft 1/1997. S. 62–63.

Brenner, Gerd: Kreatives Schreiben. Ein Leitfaden für die Praxis. 2. Aufl. Frankfurt am Main: Cornelsen Scriptor 1994. S. 7–30.

Burdorf, Dieter: Einführung in die Gedichtanalyse. Stuttgart: Metzler 1995. S. 1–21.

Chromik, Therese: „Dichten“ in der Schule – wozu? In: Merkelbach, Valentin (Hrsg.): Kreatives Schreiben. Braunschweig: Westermann Schulbuchverlag 1993. S. 59–96.

Fischer, Erika (Hg.): Projektunterricht – Werkstattlernen. Beispiele aus der Grundschulpraxis. Oldenburg: Druckzentrum der Carl von Ossietzky Universität Oldenburg 1995. S. 135–210.

Forytta, Claus/Hanke, Eva (Hrsg.): Lyrik für Kinder – gestalten und aneignen. Frankfurt am Main: Arbeitskreis Grundschule 1989. S. 68–124.

Franz, Kurt: Kinderlyrik. München: Wilhelm Fink Verlag 1979. S. 5–32.

Gelberg, Hans-Joachim: Ein Dichter, der für Kinder schreibt: Josef Guggenmos. In: Guggenmos, Josef: Ich will dir was verraten. Weinheim und Basel: Beltz Verlag 1992. S. 173–184.

Gelfert, Hans-Dieter: Wie interpretiert man ein Gedicht? Stuttgart: Philipp Reclam 1990. S. 11–61.

Gien, Gabriele: Gedichte. Material. In: Die Grundschulzeitschrift. Kinder und Lyrik. 12. Jg.,128, Oktober 1999. S. 24–41.

Haas, Gerhard: Handlungs- und produktionsorientierter Literaturunterricht: Theorie und Praxis eines „anderen“ Literaturunterrichts für die Primar- und Sekundarstufe. Seelze: Kallmeyer 1997. S. 7–137.

Haas, Gerhard/Menzel, Wolfgang/Spinner, Kaspar H.: Handlungs- und produktionsorientierter Literaturunterricht. In: Praxis Deutsch. 21. Jg., Nr. 123, Januar 1994. S. 17–25.

Hassenstein, Friedrich: Gedichte im Unterricht. In: Lange, Günther: Taschenbuch des Deutschunterrichts. 6. Aufl. Baltmannsweiler: Schneider Verlag 1998. S. 621–646.

Heinrich, Karin / Holverscheid, Rita: Lyrik für Kinder. 2. Aufl. Mühlheim an der Ruhr: Verlag an der Ruhr 1996.

Keller, Martin: Gedicht-Werkstatt. Bern: Zytglogge Verlag 1996.

Kliewer, Hans-Jürgen: Lyrik für Kinder in didaktischer Sicht. In: Grundschule 10/1991. S. 10–13.

Kohl, Eva Maria: Von kleinen Liedern und verschlüsselten Botschaften. In: Grundschulunterricht. 42, 1995, 9. S. 2–4.

Kohls, Ekkehard: Spiele mit Gedichten. Schülerarbeitsheft. In: Praxis Deutsch. Sonderheft 1981. S. 11–23.

Lorbe, Ruth: Kinderlyrik. In: Haas, Gerhard (Hrsg.): Kinder- und Jugendliteratur. Ein Handbuch. 3. Aufl. Stuttgart: Reclam 1984. S. 339–368.

Mattern, Kirsten: Lyrik kreativ. In: Praxis Grundschule. 18. Jg., Nr. 4, Juli 1994. S. 4–5.

Medo, Max-Moritz: Was wünschen sich Kinder? 3./4. Schuljahr. Leipzig, Stuttgart, Düsseldorf: Ernst Klett 1999.

Menzel, Wolfgang: Literatur erschließen: operativ. In: Die Grundschulzeitschrift. 79 / 1994. S. 6–11 und S. 21–38.

Merkelbach, Valentin: Können wir nun doch alle das Dichten lernen? In: Merkelbach, Valentin (Hrsg.): Kreatives Schreiben. Braunschweig: Westermann Schulbuchverlag 1993. S. 5–27.

Motté, Magda: Kinderlyrik – Begriff und Geschichte. In: Forytta, Claus/Hanke, Eva: Lyrik für Kinder – gestalten und aneignen. Frankfurt am Main: Arbeitskreis Grundschule 1989. S. 12–36.

Oesterhelt, Detlev: „Werkstatt-Unterricht“ – mehr Lernen durch weniger Belehren? In: Päd Forum. Juni 1998. S. 256–257.

Pädagogik Kooperative: Vorhang auf – Gedichte! Bremen: Verlag Moderne Pädagogik 1998.

Payrhuber, Franz-Josef: Gedichte im Unterricht – einmal anders. 4. Aufl. München: Oldenbourg Verlag 1999. S. 6–150.

Reger, Harald: Kinderlyrik in der Grundschule: literaturwissenschaftliche Grundlegung – schülerorientierte Didaktik. Baltmannsweiler: Schneider-Verlag Hohengehren 1996. S. 1–113 und 209–216.

Reichen, Jürgen: Hinweise zum Werkstattunterricht. In: Reichen, Jürgen: Sachunterricht und Sachbegegnung. 2. Aufl. Zürich: sabe Verlag 1998. S. 61–89.

Reichgeld, Manfred: Gedichte in der Grundschule: ein Glanz schwebt in die Weite. München: Oldenbourg Verlag 1999. S. 6–20.

Schulz, Gudrun: Umgang mit Gedichten: didaktische Überlegungen, Beispiele zu vielen Themen, Methoden im Überblick. Berlin: Cornelsen Scriptor 1997.

Selnar, Petra: Kinder begegnen Gedichten. München: Oldenbourg Verlag 1998.

Spinner, Kaspar H.: Kinder und Lyrik. Ein Plädoyer für ästhetische Bildung. In: Die Grundschulzeitschrift. Kinder und Lyrik. 12. Jg.,128, Oktober 1999. S. 6–11.

Spinner, Kaspar H.: Lyrik der Gegenwart im Unterricht. Hannover: Schroedel 1992. S. 3–116.

Spinner, Kaspar H.: Umgang mit Lyrik in der Sekundarstufe I. Baltmannsweiler: Pädagogoischer Verlag Burgbücherei Schneider 1984. S. 1–54.

Stopfel, C./Hiebl, P.: Elf Wörter brauchst du nur. In: Grundschulmagazin 3/1998. S. 11–12.

Waldmann, Günter: Produktiver Umgang mit Lyrik. Baltmannsweiler: Schneider-Verlag Hohengehren 1999.

Watzke, Oswald (Hrsg.): Gedichte in Stundenbildern. 3. Jahrgangsstufe. 4. überarbeitete Aufl. Donauwörth: Auer Verlag 1998. S. 1–8.

Watzke, Oswald (Hrsg.): Gedichte in Stundenbildern. 4. Jahrgangsstufe. 2. Aufl. Donauwörth: Ludwig Auer 1992. S. 3–8 und 75–77.

Weber, Anders: Was ist Werkstatt-Unterricht. Mühlheim an der Ruhr: Verlag an der Ruhr 1998.

Wilpert, Gero von: Sachwörterbuch der Literatur. Stuttgart: Alfred Kröner Verlag 2001.

Quellennachweis

Seite 60: Barthel, Max: Muscheln. Aus: Gelberg, Hans-Joachim (Hrsg.): Überall und neben dir. Weinheim und Basel: Beltz Verlag 1989. S. 261.

Seite 54: Bydlinski, Georg: Der Garten. Aus: Gelberg, Hans-Joachim (Hrsg.): Überall und neben dir. Weinheim und Basel: Beltz Verlag 1989. S. 32.

Seite 4: Domin, Hilde: Das Gefieder der Sprache. Aus: Sellke, Signe (Hrsg.): Das Flügelpferd. Gedichte für die Grundschule. Hannover: Schroedel Verlag 1999. S. 100.

Seite 8: Droste-Hülshoff, Annette: Der Knabe im Moor. Aus: Conrady, Karl Otto (Hrsg.): Das große deutsche Gedichtbuch. Von 1500 bis zur Gegenwart. München, Zürich: Artemis und Winkler 1991. S. 296.

Seite 70: Guggenmos, Josef: Das Gewitter. Aus: Guggenmos, Josef: Ich will dir was verraten. Weinheim und Basel: Beltz Verlag 1992. S. 38–39.

Seite 66: Guggenmos, Josef: Der Faden. Aus: Guggenmos, Josef: Was denkt die Maus am Donnerstag? 22. Aufl. München: Deutscher Taschenbuchverlag 1998. S. 105.

Seite 41: Guggenmos, Josef: Der Regenwurm. Aus: Guggenmos, Josef: Was denkt die Maus am Donnerstag? 22. Aufl. München: Deutscher Taschenbuchverlag 1998. S. 72.

Seite 62: Guggenmos, Josef: Die Giraffe mit ihren Beinen. Aus: Guggenmos, Josef: Was denkt die Maus am Donnerstag? 22. Aufl. München: Deutscher Taschenbuchverlag 1998. S. 26.

Seite 42: Guggenmos, Josef: Sieben kecke Schnirkelschnecken. Aus: Guggenmos, Josef: Was denkt die Maus am Donnerstag? 22. Aufl. München: Deutscher Taschenbuchverlag 1998. S. 73.

Seite 46: Hänel, Wolfram: Übers Dichten. Aus: Berner, Rotraut Susanne/Jacoby, Edmund (Hrsg.): Dunkel war`s, der Mond schien helle. Verse, Reime und Gedichte. Hildesheim: Gerstenberg Verlag 1999. S. 23.

Seite 74: Hoffmann, Klaus W.: Mäuse im Kornfeld. Aus: Hoffman, Klaus W./Mika, Rudi: Wie kommt die Maus in die Posaune? Dortmund: Aktive Musik Verlagsgesellschaft. S. 90.

Seite 7: Hölderlin, Friedrich: Der Sommer. Aus: Conrady, Karl Otto (Hrsg.): Das große deutsche Gedichtbuch. Von 1500 bis zur Gegenwart. München, Zürich: Artemis und Winkler 1991. S. 223.

Seite 48: Janisch, Heinz: Die Schnecke und der Tiger. Aus: Harranth, Wolf/Sormann, Christine (Hrsg.): Im Pfirsich wohnt der Pfirsichkern. Mödling-Wien: Verlag St. Gabriel 1994. S. 72.

Seite 44: Kästner, Erich: Fauler Zauber. Aus: Kästner, Erich: Erich Kästners Lyrische Hausapotheke. München: Deutscher Taschenbuchverlag.

Seite 79: Krause-Gebauer, Erika: Ich träume mir ein Land. Aus: 5. Jahrbuch der Kinderliteratur. Das achte Welwunder. Beltz-Verlag 1979. S. 249.

Seite 38/39: Krüss, James: Das Wasser. Aus: Krüss, James: Der wohltemperierte Leiterkasten. München: Bertelsmann Jugendbuchverlag 1961. S. 35.

Seite 7: Leisegang, Dieter: Einsam und allein. Aus: Conrady, Karl Otto (Hrsg.): Das große deutsche Gedichtbuch. Von 1500 bis zur Gegenwart. München, Zürich: Artemis und Winkler 1991. S. 296.

Seite 68: Lenzen, Hans Georg: Herr Glamek buchstabiert. Aus: Lenzen, Hans-Georg: Hasen koppeln über Roggenstoppeln. München: Bertelsmann Jugendbuchverlag 1972. S. 6–7.

Seite 72: Lissow, Ingrid: Glück. Aus: Harranth, Wolf/Sormann, Christine (Hrsg.): Im Pfirsich wohnt der Pfirsichkern. Mödling-Wien: Verlag St. Gabriel 1994. S. 124.

Seite 56: Moser, Erwin: Der Zwerg. Aus: Gelberg, Hans-Joachim (Hrsg.): Überall und neben dir. Weinheim und Basel: Beltz Verlag 1989. S. 22.

Seite 52: Mühringer, Doris: Ohne Titel. Aus: Harranth, Wolf / Sormann, Christine (Hrsg.): Im Pfirsich wohnt der Pfirsichkern. Mödling-Wien: Verlag St. Gabriel 1994. S. 30.

Seite 76: Müller, Else: Wiese. Aus: Müller, Else: Du spürst unter deinen Füßen das Gras. Frankfurt am Main: Fischer Taschenbuch Verlag 1998. S. 39.

Seite 50: Rathenow, Lutz: Ein Mann wacht. Aus: Gelberg, Hans-Joachim (Hrsg.): Überall und neben dir. Weinheim und Basel: Beltz Verlag 1989. S. 63.

Seite 64: Stibill, Rudolf: Die Vogelscheuche. Aus: Harranth, Wolf / Sormann, Christine (Hrsg.): Im Pfirsich wohnt der Pfirsichkern. Mödling-Wien: Verlag St. Gabriel 1994. S. 25.

Seite 7: Von Hofmannsthal, Hugo: Reiselied. Aus: Conrady, Karl Otto (Hrsg.): Das große deutsche Gedichtbuch. Von 1500 bis zur Gegenwart. München, Zürich: Artemis und Winkler 1991. S. 413.

Hinweis: Trotz intensiver Bemühungen ist es uns nicht gelungen, alle Urheber ausfindig zu machen. Wer noch Ansprüche hat, möchte sich beim Verlag melden.

Verschiedene Anthologien

Berner, Rotraut Susanne / Jacoby, Edmund (Hrsg.): Dunkel war`s, der Mond schien helle. Verse, Reime und Gedichte. Hildesheim: Gerstenberg Verlag 1999.

Conrady, Karl Otto (Hrsg.): Das große deutsche Gedichtbuch. Von 1500 bis zur Gegenwart. München, Zürich: Artemis und Winkler 1991.

Gelberg, Hans-Joachim (Hrsg.): Überall und neben dir. Gedichte für Kinder in sieben Abteilungen. Weinheim und Basel: Beltz Verlag 1998.

gomringer, eugen (Hrsg.): konkrete poesie: stuttgart: philipp reclam 1972.

Guggenmos, Josef: Was denkt die Maus am Donnerstag? 22. Aufl. München: Deutscher Taschenbuchverlag 1998.

Harranth, Wolf / Sormann, Christine (Hrsg.): Im Pfirsich wohnt der Pfirsichkern. Mödling-Wien: Verlag St. Gabriel 1994.

Krüss, James: Das Buch der sieben Sachen zum Staunen und zum Lachen. München: Annette Betz Verlag 1973.

Sennlaub, Gerhard (Hrsg.): Und mittendrin der freche Hans. Gedichte für Grundschulkinder. Berlin: Cornelsen Verlag 1997.

Wieke, Thomas: Abzählreime & Kniereiterverse. München: Südwestverlag 1999.